JN087601

ちず先生と

動画で一緒にマインドフルネス！

子どもたちの心が穏やかになり、自己肯定感が高まる

太田 千瑞／著

はじめに

　久しぶりにカフェに入ってコーヒーを飲もうと座りました。ふと隣を見ると、スマホ片手に眉間にシワを寄せる老人、猫背でパソコンに向かっているサラリーマン。友達といるのに会話はせず、スマホで食べ物の写真を撮っている女子高生。iPadを見ている子どもを気にしながら電話をしているママ。スマホでゲームをしているパパ……。

　これはごくありふれた日常になりました。

　教室でケンカをして興奮状態になり、居場所がなくて相談室に来た子。ティッシュを渡して話を聴こうとしていると、相談室のドアを何度も開けたり閉めたりする子がやって来て、相談に来た子は今度は保健室へ走って逃げていく。校門では、早退する子どもと口論する保護者。職員室に行って担任の先生に気になる子の様子を報告していると、泣きながらＳＯＳを出す保護者からの電話が入ります。校長室からは、けがをした子どもへの対応を、先生たちが協議している声が聞こえてきます……。

　これは、ごくありふれたスクールカウンセラーが見た学校の日常。

　私たちは目に見えるもの、耳から聞こえるもの以外に、心や体で状況を把握したり考えたりします。しかし、その１つ１つを丁寧に味わうことが少ないです。その理由は、仕事や学校が忙しいからでもなく、時間がないからでもなく、能力がないからでもなく、日々一生懸命生きているから。ただ単純に、自分を自分で、観察する方法をすっかり忘れているために味わうことが限られています。

　現代社会は、人に合わせすぎて窮屈になったり、周囲に気を遣うあまりに疲れたりしやすいのかもしれません（少なくとも私はそうですし、職場で出会う先生や保護者の方、子どもたちもそうであるように感じます）。

　そんな中、自分を100％、いいえ1000％、大切に生きていく方法を、マインドフルネスは教えてくれます。

　普段、何気なく歩いている道で見える景色、大切な家族、持っている鞄、着ている服、窓から見える景色、どこからともなくそよぐ風、隣の家から香る夕飯の予感……。マインドフルネスの練習を重ねていくと、それらすべて

に対して、心から感謝の気持ちを持てるようになるでしょう。昨日チクリと言われた悪口、うまくいかなかった会議、間に合わなかった電車、突然ぶつかった人……。それらネガティブな出来事さえも感謝できる出来事に変わり、喜怒哀楽といった生きていると必ず出会う心の揺らぎにさえ、感謝を込めて過ごせるようにもなるでしょう。心が穏やかになり、自己肯定感が高まる状態をもたらしてくれるのです。

　本書は、アメリカで実践されている Mindful Schools のカリキュラムを日本の学校で取り組めるようにアレンジしたものです。Mindful Schools で学ばれ、ニューヨークでヨガとマインドフルネスの活動を展開するララ（Lara Hocheiser）先生に *how to integrate mindfulness* : *INTO THE K-5 CLASSROOM*（Lara Hocheiser and Nafeeza Hassan, Flow and Grow Kids Yoga, 2019）をベースに日本の実情に合わせた本をつくることの許可をいただきました。

　マインドフルネスの研究は加速し、子ども向けのマインドフルネスの研究や実践も増え始めています。本書を手にされた方の多くも、きっと「子どもたちのために」と思って、学びを深めたいと思っていらっしゃるでしょう。しかし、マインドフルネスの学びは、自分自身が体験し、練習し続けること、そして、子どもが感じてくれたことを教わる態度が備わってこそ、身につくものだと私は理解しています。この本は、皆さん自身のマインドフルネスの学びを助けるものにもなっています。一緒に学んでいきましょう。

　絵本『たいせつなこと』（マーガレット・ワイズ・ブラウン作、レナード・ワイズガード絵、うちだややこ訳、フレーベル館、2001）に宝石のような言葉があります。

たいせつなのは
あなたが
あなたで
あること

　皆さんが「あなたが　あなたで　あること」を大切にされて、子どもたちとともにマインドフルネスに取り組み、学校に、そして家庭に穏やかな時と空間が広がるよう願っています！

ちず先生と動画で一緒にマインドフルネス！

子どもたちの心が穏やかになり、自己肯定感が高まる

✳ contents ✳

第1章

なぜマインドフルネスが必要なのか？

マインドフルネスとは

　マインドフルネスは、"今この瞬間"に意識を集中させた状態のことです。ストレスに対処する方法として提唱されたマインドフルネスのプログラムの本質は、〈優しさと好奇心を持って"今この瞬間"に意識を集中すること〉と言われています。

　私たちはつい、過去と未来のことばかりに心をとらわれてしまいがちです。マインドフルネスの練習（この本では「アクティビティ」と呼んでいます）をすると、"今この瞬間"に意識を集中して、1つ1つの物事を丁寧に受け止めることができたり、小さな幸せに感謝できるようになります。ストレスがなくなるというより、ストレスの大きさや種類、量を適切にとらえる方法とも言えるでしょう。また、マインドフルネスの練習中、心が穏やかにならなかったり、今まで気づかなかったことに気づいたりすることがあります。それは、批判や判断が加わらない冷静な状態でのみ体験できる、誰かから教わるものではない、自分自身の人生という航海の始まりなのです。

　こうした自分の感情や考えに気づくことができると、「反射的に反応しない態度」が身についていきます。衝動的な言動と、地に足の着いた行動とのあいだに「空間」をつくることができるのです。それは、この本のサブタイトルである「子どもたちの心が穏やかになり、自己肯定感が高まる」状態につながっていきます。

今、皆さんは呼吸をしていますか？　生きていれば呼吸をしているはず。

走ると息が切れて、呼吸が荒くなります。気分が落ち込むとため息をつくことがあるでしょう。気持ちと呼吸とは、深いつながりがあるのです。この呼吸や身近なものを使って、マインドフルネスの練習の旅の始まりです。

Let's Try！

まず、五感（視覚、聴覚、触覚、嗅覚、味覚）に意識を向けてみましょう！

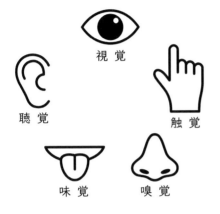

視覚
聴覚
触覚
味覚
嗅覚

今見えるものを5つ教えてください
今聞こえてくる4つの音を教えてください
今触れることができるものを3つ教えてください
今嗅ぐことができる匂いを2つ教えてください
今感じられる味を1つ見つけてください

子どもたちにマインドフルネスがもたらす恩恵

子どもたちが"今この瞬間"に意識を向けることを学び、自分の不安な感情に気づくようになると、「次にどんな行動をしたらいいか」「どんな助けを求めたらいいか」に、一拍おくことができます。それは、授業中、注意力を持続させ、学習に向かうことにもつながっていきます。

また、学校での実際の例ですが、ＡＤＨＤの傾向がある男の子と先生が30秒のマインドフルネスの瞑想を練習するために、まずは10秒間、目をつぶって数を数えることから始めました。たったの10秒ですが、「自分で取り組もうとしたこと」「10秒やってみようとしたこと」、そして「しっかり10秒間取り組んだこと」を先生が丁寧に認めていきました。これも〈優しさと好奇心を持って"今この瞬間"に意識を集中すること〉です。その男の子にとっては、自分の呼吸をコントロールすること、先生が一緒に練習すること、そのすべての「空間」が自信になりました。そうやって練習して、いつしか30秒に時間が伸びたとき、誰よりも誇らしい顔をしていたそうです。研究によれば、テストに対する不安やＡＤＨＤの特徴と思われる行動が、マインドフルネスを実施することで少なくなることが知られています（Napoliほか、2005）。

こうしたことを聞くと、マインドフルネスを用いると子どもたちは静かになる、と期待するかもしれません。私も、魔法のようなものだととらえていた時期がありました。けれど、長く練習すればするほど、「落ち着く」という

ことは子どもの内側に起きることであって、実は私たちにはわかり得ないものであるかもしれない、ということがわかってきます。さらには、自分の意見をはっきり言ったり、「わからない」と言うなど、いわば、副作用に（一見）見えるものさえ、“マインドフルネス”なのです。

　子どもが自由に発言すること、体を動かすことは人間の経験の自然で正常な部分です。そのような経験を表現できる安心安全な環境を与えることが、先生には求められているのです。「あれはダメ」「〇〇を守りなさい」と規制されている環境は、一見安定しているように見えます。しかし、創造力豊かでチャレンジ精神旺盛な環境にはなりにくいでしょう。

　そして、教育の中でマインドフルネスを活かすには、子どもの個人的なエンパワーメントだけでなく、クラス・学年・学校などの集団的なエンパワーメントをしていくことが重要です。私たちは、このことに“気づく”ことがとても大切です。単に「落ち着く」ためのマインドフルネスではなく、もっと「豊かな」マインドフルネスを目指していきましょう！

　若者はマインドフルネスを学ぶことで、認知能力の向上、社会的・感情的スキル、および wellbeing（幸福）の観点から恩恵を受けるという研究もあります（Weare、2012）。そのような効果は、長期的なスパンで見ると、その後の人生において、幸福につながる可能性があります。例えば、就学前の社会的スキルの獲得は、成人期の教育、雇用、メンタルヘルスへのよい影響が予測でき、犯罪や薬物乱用の抑止につながるとされています。

図1　マインドフルネスを実践すると獲得されるとされるもの

注意＆学習のスキル	社会的＆感情的なスキル	レジリエンス
・注意と集中 ・認知的発達	・学校における適切な行動 ・共感と視点の獲得 ・ソーシャルスキル	・感情的な調整 ・不安、ストレス、トラウマ 　外傷後の症状、うつ病の軽減

教育におけるマインドフルネスの利点

　子どもたちへの恩恵に続いて、教育全体や教師にとっての利点も見ていきましょう。

　「ストレスのある教師は児童生徒のストレスレベルに影響を与え、児童生徒のストレスは学習成果に影響を与えている」という研究があります（Ingersollほか、2014）。「ポジティブな感情の学級風土と学業成績とが正の関連を示す」という研究もあります（Roeserほか、2013）。そして、「教師がマインドフルネスを学ぶと、ストレスの軽減や燃え尽き症候群の減少などの利益がある」と

いう研究もあります（Hoglundほか、2015）。その研究では、教師が個人的な利益を享受するだけでなく、学校全体も同様のものを享受していました。このような研究結果を見ると、教師がマインドフルネスを学び、学校で実践していくことの利点が浮き彫りになります。

しかし、学校や生活の中にマインドフルネスの実践を取り入れることには、新しいタスクが増えるようなイメージがあるかもしれません。ある先生にとっては「救い」となる一方で、他の先生にとっては「未知との遭遇」であり、抵抗を感じる人もいるかもしれません。多くの場合、新しいことへの挑戦には負担を感じるのが普通です。すでに多忙な毎日に、新しいことを取り入れることに不安を感じたり、管理職を説得できない、同僚に理解されないと感じている方も多いのではないでしょうか。

それでも、学校でマインドフルネスに取り組むことは、先生の内側の奥底と子どもたちの内側の奥底にある何かがつながる「空間」の扉が開くことのように思います。注意力と感情の２つの調整スイッチが入り、①先生自身のメンタルヘルス対策、②授業のスムーズな進行、③子どもたちのwellbeing（幸福）に貢献することにつながっていくのです。学校で実践する価値は十分にあるでしょう。

図２　マインドフルネスが入れる２つの調整スイッチ

注意力の調整スイッチ
①集中力アップ
②実行機能の向上
③意図的に注意を向ける

感情の調整スイッチ
①気持ちへの気づき
②神経回路を制御する
③ネガティブな思考の回避

相談室で出会ってきた子どもたち

ＡＤＨＤのある彼は、七夕の願いに「ふつうになりたい」と書いていました。

場面緘黙の彼女は、口をバクバクさせて咳き込みながら、なりたい職業を教えてくれました。

突然やってきた新しい父親と同じ部屋で寝たくないと話した子。

昨日の給食からずっと何も食べていないこと、非常食は今このバッグの中にあると話した子。

母親がずっと寝ていて、何日も会話していないと話した子。

両親の期待を一身に背負い、誰よりも努力し、誰よりも成績がいいけれど、

いつも貧血で倒れてしまう子。……

　私は、相談室で、このような子どもたちと出会ってきました。この子たちは、自分自身の置かれている状況を変えられるとはあまり思っていませんでした。悩みを悩みとしてとらえることも、できていません。「初めて人にしゃべった」「こんなことも話していいんですね」と、それまで自分の思考や気持ちに気づく時間も余裕もなかったのでしょう。ただ誰かに求められる自分を生きていたのです。

　また、本当に好きなことを「好き」と、嫌なことを「イヤ」と言える子どもがはたしているだろうか?　そう思うことがあります。スマホからたくさんの情報が流されるので、今流行っているお菓子がどれかは知っていても、自分が好きな味付けはわからなかったり、アイドルが身に着けているブランドは知っていても、好きな洋服を選ぶことができない子どもたち……。人として基本的なものを忘れて成長しているのではないかと思える子どもたちが増えているのではないでしょうか。

　何か物を与えるのではなく、子どもたちに「自分に気づく時間」を与えることで、解決を急がず、一緒に「自分」を見つける味わいに価値を見出せるのではないかと思います。多くの子どもたちは、どんな状況にいても自分を大切にするスキルさえ身につけられれば、どんな人生でも切り拓いていける存在です。どんな境遇であっても内側が満たされていれば、時間はかかっても、その子らしさが輝く場所で花が咲くのです。

マインドフルネスという文化の広がりを

　私は、これまでさまざまな場で先生方への研修や相談を請け負い、助言したりしてきました。研修に参加される先生の中に「子どもの自己肯定感を上げるための方法が何かありますか?」と相談に来られる方が多数います。その質問の奥に、「もうこの子を担当したくない」「対応できない自分を誰も支えてくれない」「でも、どうにかしたい」と、何かにすがりたい気持ちがあるように感じることがあります。

　また、子どもの言動への対応に苦慮している先生方の中には、「子どもがなぜそのような言動になるのか」、私がその背景を説明しても、そのことにはあまり興味を示さず、「よい対処方法はないか」と求めてくる方がいます。Aという子どもにはAを、Bという子どもにはBを、と、パズルを当てはめるような答えを求めていらっしゃるように感じることもあります。そんなときは、先生自身がきっと気持ちの余裕をなくし、物事が宙ぶらりんの状態であることに"耐える力"が弱くなっているように思えるのです。ネガティブケイパ

ビリティ（答えのない事態に耐える力）という言葉があります。コロナ禍がもたらした学びの1つとして、この言葉への注目があったと感じています。

　また、現代は「ＶＵＣＡ（Volatility, Uncertainty, Complexity, Ambiguity）の時代」とも言われています。不安定で不確実で複雑で曖昧な状況、ということです。何が起きるのかわからない時代において、どんな教育がよいのか、どんなものに価値があるのかなど、正解のない変革の時代にいるということです。しかも、子どもたちにはその中で、予想できない未来が待っているのです。

　このような時代だからこそ、マインドフルネスにはできることがあると考えています。学校でマインドフルネスの実践が広がり、先生方が心のこもった関係を子どもたちとつくり上げ、お互いの内側にあるものが機能し始めたとき、社会を動かす大きな力が生まれます。子ども→教室→学校→地域と、その力がどんどん広がり、マインドフルネスという文化がつくられていくのです。アクティビティのやり方を教えるだけでなく、〈優しさと好奇心を持って"今この瞬間"に意識を集中すること〉というマインドフルネスの本質をベースに先生が子どもたちとコミュニケーションを積み重ねるうちに、それぞれの学校ごとでのマインドフルネスの活用方法がきっと見えてきます。

Column

マインドフルネスと脳の関係

　マインドフルネスと脳の関係について、いくつかの研究からわかっていることを、簡単に解説しておきます。

扁桃体　恐怖などの困難または強い感情を含む感情に反応するときに活性化されます。マインドフルネスの練習では、脳のこの部分はあまり活性化されないとされています。

海馬　学習と記憶に不可欠であり、扁桃体を調節する役割があります。マインドフルネスの練習では海馬はより活性化され、注意力が続くことで、灰白質密度が増加します。

前頭前野　感情や行動の調整や正しい決定など、成熟度と最も関連があります。脳のこの部分は、マインドフルネスの練習後に、より活性化され、発達します。

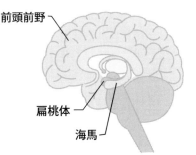

前頭前野
扁桃体
海馬

自己像をゆっくり育む "暇" がない子どもたち

　今や、子どもたちは常に「情報」に触れることができます。漢字ドリルで何回も練習して覚えなくても、スマホやパソコンで調べたらポンと漢字が出てきて、それをプリントに写すこともできます。素早く簡単に、思考を伴わずに反射的に知識を得ることが当たり前になっています。わからないこと、知らないことを理解するまでの時間が "もったいない" のです。私たち大人たちが生きてきた、何回も何年も練習することの意味や価値が大きかった時代とはまったく異なります。

　大人は会社や組織に属して名刺に「会社・部署・担当・資格」など自分を表すものが増えていきますが、子どもたちはＳＮＳ用のアカウント名、アバター、プロフィール写真などを、小学校高学年頃から獲得し始めるのです。自己像をゆっくり育んだり、迷ったりする "暇" がありません。習いごとをしているときの自分、クラスメートと話しているときの自分、家族といるときの自分、昔の自分と今の自分…。どんな自分も自分であることを否定せずに見つめる "暇" がないのです。

　これからの時代、多くの仕事がＩＣＴ化され、これまでとは異なるコミュニケーション能力やチームワークのあり方が問われるようになるでしょう。そのようなことを想定して、共感、思いやり、向社会行動などの概念も多層的にとらえなければなりません。

　未来を生きる子どもたちは、自分を表現するツールが多いだけに、表現したら「肯定されるか」「否定されるか」という強い不安を常に持っています。動画や写真をはじめ、たくさんの表現されたものを目にするために、どのような表現が "正しい" のかを非常に気にします。

　このような不安感が高く、"暇" がない子どもたちに、ゆったりとした空間で「今、どんなふうに感じている？」「今、どんな感じかな？」とやわらかな口調でじっくり寄り添うと、「"暇" だから、本音を話してもいいか…」と、鎧を脱いだ心がそこに現れます。

　不登校の子どもたちと「相談」という枠組みで出会うと、何も質問しなくても、これまで抱えていた葛藤・感情を一気に吐露することがあります。そんなふうに自分から心を裸にすることは恥ずかしく怖いことですが、そのための練習がマインドフルネスでもあると感じています。

"正解" のない世界を生きるために、始めてみましょう！

　近年、多様性を認めることは教育界において重要なトピックですが、マインドフルネスの研修や講座に参加してくださる先生の多くは、「これでやり方が合っているのか？」「○○ちゃんには、できないのでは？」と、多くの人が "正解"（"正しい" やり方）を気にします。

　"正しい" やり方は、確かに存在するでしょう。しかしマインドフルネスは、あてもなくさまよう作業でもあります。「ただ観察する」ということは、時に孤独を感じたり、不安になったりもするかもしれません。落ち着きがなくなったり、目をつぶっていたのに開けて周囲を見ようとしたり、体をもぞもぞ動かしたりするかもしれません。その中で、雑念や衝動的にわき起こる感情や行動したい葛藤を見つけていき、それごと抱き抱えながらさらに「観る*」ことです。

*観る：「見る、聞く、嗅ぐ、味わう、触れる、さらにそれらによって生じる心の働きをも
　観る」こと（日本マインドフルネス学会の定義より）

　そして、「好奇心」がキーワードとなります。自分の経験に対する「好奇心」を大切にすることにより、うまくできない自分やネガティブにとらえる自分など、自分がそれまで気づかなかった思考の癖やパターンに気づけるのです。何十年も同じ "自分" で私たちは生きていますが、"自分" とうまくやれているかどうかは、あまり気にしていません。

　"自分" が "自分" の最高で最強の親友であることに気づけたら、すてきだと思いませんか。多様性に溢れ、"正解" のない世界を生きるための大きな力になってくれます。

　そのためには、なるべく同じ時間帯に、1週間などと期限を決め、繰り返しマインドフルネスを練習してみることです。「無駄（と思えるよう）なこと」に真剣に取り組むことは、日々の生活に彩りを添えてくれます。

　この本が参考にしている Mindful Schools（「はじめに」参照）のカリキュラムでは、マインドフルネスの練習を「公式の練習」と「非公式の練習」とに分けています。練習の回数や時間、ルールが明確に決まっていて、静かな環境を設定して取り組む練習と、朝起きたらすぐに（食事の終わりに、夜寝る前になど）数分行う日常的な練習の2種類です。ヨガでいう「on the mat」と「off the mat」のようなものです。これらは、どちらがよい悪いということではありません。まずは「始めてみること」から始めてみましょう！

第2章

マインドフルネスは、いつでもどこでもできる！

さあ、空を見上げて
真っ青な空はあなたの心
流れゆく雲はあなたの考え
風が吹けばいつでもどこにでも飛んでいける雲
もっと見晴らしのよいところから空も雲も見てみませんか？

　私たちは、いつでもどこでもマインドフルネスの練習をすることができます。今座っている部屋の中でも、通学・通勤途中、食事の間でも。着替えやお風呂などの身支度の間でさえも。公的な（公式としての）マインドフルネスは20分など時間を決めて、決まったプログラムを練習します。しかし、実はマインドフルネスを練習する道具はすでに目の前に、そして自分の内側にあります。時間や場所にとらわれすぎることなく、"今この瞬間"を味わうことから始めましょう。

マインドフルネスの習慣化のために

　自転車に乗れるようになったり、縄跳びの二重跳びができるようになるには練習が必要なように、マインドフルネスも練習がとても重要です（すぐにできるようになると思い込むことを手放すことさえ、練習です）。
　具体的には、簡単で短時間でできるアクティビティをいくつか選び、ロー

テーションで繰り返すことが重要です。子どもたちの様子を注意深く観察し、「慣れてきているけれど、飽きはきていない」という状態が最良です。そして徐々に、子どもたちで当番を決めて、リーダー役（司会進行の役割）が練習の始まりの司会をしたり、グッズの用意をするといった工夫をするのもよいでしょう。

　5つほどのアクティビティを、学校生活の時間割や週案に入れ込んで、練習を毎日のように繰り返すと、2か月後くらいには、何か違いを感じることが多いようです。例えば、4月から始めて、11月頃には、子どもたちのほうから自主的に「○○をやりたい」「他にもある？」となります。先生の指示がなくてもできるようなアクティビティを選んだり、慣れたものはリーダー役が行うようにすると、より練習が深まるようです。私も、最初は大人がやり方を子どもに伝えるけれど、その後は子どもたちが子どもたちなりの楽しみを見つけて自分で好きなように楽しんでもらうことを目指しています。こんなふうに、学校や日常生活の中で、文化としてマインドフルネスが広がることは特別なことではありません。

　就学前の幼児や小学校1・2年生は、見様見真似でその場限りで楽しむだけかもしれませんが、続けていくことで、落ち着いた行動がとれるようになります。また、輪に入れない、一緒に取り組まない子どもも必ず数名はいますが、「その場にとどまっていること」をしっかり観察してみてください。マインドフルネスの前と後で、何か違いを感じるはずです。

　「期待しすぎず、待つ」ということは、とても重要で、大人のマインドフルネスでも大切な観点になります。私たちはつい、すべて幸福である状態ばかりを期待します。しかし、「雨の日もあれば曇りの日も、台風の日さえある」ように、人生いろいろ。それをそっと優しい眼差しで見る練習が、マインドフルネスを習慣化する際の恩恵です。教えるときには、あまり味つけせずに、一度にたくさんのことを教えようとはせず、まずはアクティビティを1つに絞り、週に1つか2つ学ぶことを目標にしましょう。

ふりかえりの時間を大切に

　大人を対象とした練習において、アクティビティの後、仲間と考えをシェアする時間を持つことがあります。子どもにおいても、ふりかえりの時間を大切にしましょう。言葉で説明できない場合、反応がないこともありますが、問いかけることが重要です。練習は短時間（2〜5分以内にとどめる）とし、あきらめずに共に練習する態度が大切です。

　また必ず、ねらいと目的を明確にし、小学校高学年以上の場合には、「なぜ

行うのか」「どういうときに役立つか」を考えながら取り組んでもらうことも
動機づけとしておすすめです。

ピースコーナーの重要性

　マインドフルネスに対して食わず嫌いをする子がいる場合や、授業中に自
分でマインドフルな時間を自分で生み出せるようにするには、「ピースコーナ
ー」をつくるといいでしょう。ピースコーナーとは、子どもたちがリラック
スし、落ち着きを取り戻し、平和を見つけることができる居心地のよい場所、
つまり「心のよりどころ」となる場所です。ここを利用することで、子ども
たちは自分の身体や感情の状態を観察し、自分で自分の調子を調整し、切り
替えて授業へ参加することができます。ピースコーナーは、自分の状態に自
分で気づいてピースコーナーに移動するという前向きな行動を促す場所（セ
ルフコントロールスキルを学べる場所）であり、また、マインドフルネスの
練習を促す場所です。

　配慮事項としては、ピースコーナーは単なる休憩場所とは違うということ
を押さえておく必要があります。子どもたちの感情が大きく揺れ動いている
とき、休憩する必要があるとき、または落ち着きを取り戻す必要があるとき
に、安心して利用できるよう整備しておきます。

ピースコーナーのつくり方

①**教室内もしくは別の場所で快適な空間を見つけましょう。** 子どもたちが自
　由に訪れることができるオープンスペースが理想的です。
②**魅力的にしましょう！**　植物や本、クッション、ブランケットなど落ち着
　く物を置いたり、肯定的なアファメーション（自分自身に対する「宣言」）
　を書いたポスターを貼るのもいいでしょう。照明は自然光がおすすめです。
③**心が安らぐ小道具を用意しましょう。** 気が散る可能性があるため、必要最
　低限のものだけに限ります。4〜5個の小道具を用意し、定期的に交換し
　ながら、一年を通して新しいアクティビティに使用できるようにします。
④**完成したピースコーナーを子どもたちに紹介します。** 感情がコントロール
　できないときや動揺しているとき、または、ただ過ごすだけの時間を必要
　としているときに、自由に訪れることができる安全な場所であることを説
　明します。ピースコーナーの使い方や利用するタイミングについて、子ど
　もたちと一緒に話し合う機会をつくるのもいいでしょう。
⑤**ピースコーナーでの決まり・ルールを作成します。** そこにとどまることの
　できる時間や、クラス全員でピースコーナーを共有するためのルール、使

った後の片付けに関するルールを明確にしましょう。これらのガイドラインを子どもたちと一緒に作成することは、とても有益なコミュニティ活動になります。

ピースコーナーにおすすめの小道具類

・**呼吸ボール（拡張可能なボール）**：呼吸法と遊び用
・**砂時計**：子どもたちがピースコーナーで時間を測るためのもの
・**ぬいぐるみ**：ハグや呼吸の練習に
・**ヨガマット／ブランケット**：運動や休憩用
・**ヨガカード**：心を落ち着かせるためのヨガポーズ練習用
・**マインドフルネスカード**：一人でもできる簡単なマインドフルネス練習用
・**マインドフルネスジャー**：視覚を刺激するマインドフルネスの呼吸用（「アクティビティ21　マインドフルネスジャー」76ページ参照）
・**読書用の本や絵本**：各年齢に合ったものを数冊
・**鏡**：子どもたちが自分の状態を観察するためのもの
・**感覚玩具（スクイーズ）**：子どもたちの感覚を刺激するおもちゃ

子どもたちが日々マインドフルネスに触れる２つの視点

　マインドフルネスが世界中で広がるきっかけになったのは、マサチューセッツ大学のストレス低減センター（マインドフルネスセンター）の創設者であるジョン・カバットジンが1970年代に提唱した「マインドフルネスストレス低減法（ＭＢＳＲ）」でしょう。これは「マインドフルネス認知療法（ＭＢＣＴ）」の源泉となるものです。
　ＭＢＳＲの中学生・高校生向けのプログラムでは、10週間の「.b（ドットビー）プログラム」が知られています。ただＭＢＳＲやＭＢＣＴでは取り組

むべき課題や時間に決まりがあり、日本の学校で10週間という時間を確保するのは、かなりハードルが高いと思います。

　そこで本書では、子ども向けに、学校教育においても活用できるマインドフルネスを「いつでもどこでも」行える形で噛み砕いて紹介します。授業の導入などの一部で実施したり、教育相談の場面や特別支援教育の中でも実践できるように考えました。子どもたちと先生方に、日々を豊かに生きていく方法の第1ステップとして、学校現場や日常生活の中でマインドフルネスを用いてほしいからです。

　また、子どもたちが日々マインドフルネスに触れるには、2つの視点が大切です。

　マインドフルネスには、公式な練習と非公式な練習があります。私たち大人も、認定講師と一緒に、もしくはスタジオなどに行って練習に参加する公式な練習と、日々の通勤の間や思い立ったときに行う非公式な練習があります。1つ目の視点は、こうした「公式・非公式にとらわれることなく楽しむことが重要である」という視点です。

　2つ目は、「ルールは子どもの心を守る安全のためにあって、マインドフルネスが上手になるためではない」ということです。より効果的に取り組めるようにする工夫は環境づくりにしかすぎない、という視点です。

　学校でのプログラムに私も何度か参加してみましたが、参加した際の自分の体調や、ご一緒したメンバー、クラスをリードしてくださった先生によって、味わう感覚が違っていました。そのどれもが素晴らしい体験であり、優劣はありません。

　公式な練習と非公式な練習があること、効果的であるということは、よりよく生きるヒントを子どもたち与えるだけであって、そのヒントを用いてどのような「答え」に触れるのかは、子どもたちそれぞれが豊かに"選択"していくことなのです。

Column

チャイム（ベル）の使い方

　チャイム（ベル）は、マインドフルネスの練習に子どもたちの興味を惹きつける効果的な方法です。ぜひ、ご用意ください！

　一日の始まり、授業のはじめなど、あらゆる活動の開始時に、注意を引き戻すことに使えます。

①背筋を伸ばして座ります。

②片方の手でそっと、チャイムを自分の顔の前に持ち上げ、子どもたちから見て、あなたの顔とチャイムの両方が見えるようにします。

③チャイムを軽く叩いて、静かな共鳴を生み出します。

④あなたは、穏やかに呼吸しながら、魔法の音を体で感じてください。その様子を、子どもたちに見せます。

⑤必要に応じて、呼吸の回数を増やしたり、動作を加えたり、再びチャイムを叩くなど、自由に繰り返します。

アドバイス：子どもたちの注意があなたに向いたら、落ち着いた穏やかな声と姿勢で、授業を始めることを伝えます。このように授業のはじめにクラス全体のトーンを設定することで、子どもたちは、あなたが何を求めているのかを理解しやすくなります。

　子どもたちの努力が見られたら、「ありがとう」と感謝の気持ちを伝えましょう。子どもたちの名前を呼んだり、ほめている理由を明確に伝えるなど、あなたの穏やかで具体的なほめ言葉は、子どもたちの学びや成長につながっていきます。

筆者愛用のチャイム（ベル）

アクティビティ0

マインドフルネスに座る

　マインドフルネスのアクティビティに取り組む前に必要な練習として、座り方を見ていきます。「マインドフルネスに座る」と言いますが、子どもたちにはわかりやすいように「すてきな姿勢」や「心地よい姿勢」と伝えるといいでしょう。

　〈椅子に座る姿勢〉〈あぐらで座る姿勢〉、このどちらも練習が必要な姿勢です。大人もできていないことが多いので、一緒に練習しましょう。

【マインドフルネスに座る（椅子に座る姿勢）】

　椅子に座って瞑想を体験する前や、子どもの姿勢が崩れている、一見だらけているように見える場合に行うとよい練習です。

①背筋を伸ばし、足を床に置き、椅子にまっすぐ背を向けて座ります。

②お尻から頭を一直線状に合わせます。「お尻の上に長い背骨が来て、頭がちょんと上に載っているようなイメージで、姿勢を真っ直ぐにしてください」「お尻の2つの骨（表現が伝わる年齢であれば〔骨盤〕もしくは〔坐骨〕という言葉を使ってもよい）を釘で椅子に打ちつけるように」という表現を付け加えます。

③手は膝の上で快適に休ませます（手の位置を明確に指示することで落ち着く子どもが多いため、必ず、お腹に添えるのか、膝の上なのか、太腿のどのあたりかを明確に指示します）。

アドバイス：椅子の背にもたれずに、体の力を使って背筋を伸ばして座りましょう。右図のような「グッ、ペタ、ピン」です。子どもたちにも「グッ、ペタ、ピン」と声に出しながら姿勢を整えてもらいます。こうすることで、よい緊張感と落ち着きを促します。

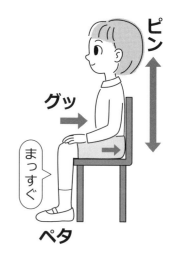

　背もたれに寄りかかって行ってみた後に、寄りかからないで行ってみて、どのように違っていたか、意見交換の時間を設けることもいいでしょう。「わからない」「変わらない」という反応があったとしても、体は1つの経験を積み重ねています。無理に教え込まないようにしましょう。「どういう姿勢か？」よりも「どういう表情か？」が大切なの

です。

　普段の声かけに「姿勢が整うと、どんな感じがするかな？」という声かけを加え、その後ちょっとした"余白"の時間をつくるといいでしょう。

【マインドフルネスに座る（あぐらで座る姿勢）】

　あぐらで座って瞑想を体験する前や、子どもの姿勢が崩れていて、だらけているように見える場合に行うとよい練習です。

①床もしくはマットに、あぐらを組んで座ります。
②背筋を伸ばします。
③肩の力を抜きましょう。

アドバイス：前かがみにならないように、ときどき姿勢を確認することを忘れないようにしましょう。背骨を高く、体幹を強く保ちます。

　マインドフルネスの練習を行う前に、「すてきな姿勢」「心地よい姿勢」の確認をしましょう。ここで大切なのは、常に子どもの内側に「心地よさ」があるということです。子どもは発達段階や感覚においても一人一人多様な特性を持っているので、なかには一見、落ち着かないような姿勢のほうが、よりよい集中力を持って課題に取り組める子もいます。

　「すてきな姿勢」「心地よい姿勢」は、姿勢のあり方の１つで、選択肢の１つであるととらえ、常に自分自身にとっての"正しい姿勢"を見つけ続けるという"姿勢"で存在することが、マインドフルネスのアクティビティをより豊かにしていきます。

アクティビティ1
風船の呼吸

　この「風船の呼吸」は、すべてのアクティビティの土台となる、基礎的なものです。落ち着きたいときや集中したいときなど、いつでも使えます。短い時間（1分）の実施でも効果がありますし、長い時間（5分程度）をかけて実施すると、奥の深い効果が期待できます。朝の学活や授業中、教育相談での面談中、ストレスマネジメントの授業でリラックス法として紹介するなど、活用の仕方は無限大です。

導入：心を落ち着けて集中するために、「風船の呼吸」をしていきましょう。

展開：

①マインドフルネスに座ります（「アクティビティ0」20ページ参照）。

②足を床にしっかりと着け、背中を伸ばし、目を閉じるか、目線を下のほうに向けます。

＊ベルまたはチャイムがあるときは、ここで一度鳴らします。音が消えるまで、この音に耳を傾けましょう。ないときはそのまま次に進みます。

③片方の手をお腹に添え、お腹の中に小さな風船があると想像します。息を吸うたびに風船が膨らみ、息を吐くと風船はしぼみます。

④風船が膨らんだりしぼんだりするのと一緒に、お腹の動きを感じます。特別な呼吸に変える必要はありません。体が自然に呼吸をしてくれるので信じてみましょう。

⑤息を吸うときに「風船を膨らませる」と頭の中で唱えます。息を吐くときには「空気を全部抜く」と唱えます。頭の中でその絵を思い浮かべるのもいいでしょう。

⑥しばらく、続けましょう。

＊子どもが呼吸を意識しやすいように、「膨らませて」「しぼみます」などと繰り返すのもよいでしょう。その場合は5秒くらいの間を開けます。半分過ぎたら⑦の言葉をかけます。

⑦「頭の中にいろんな考えが浮かんできたときは、呼吸に意識を戻しましょう」

＊ベルまたはチャイムがあればここで鳴らし、終了します。音をゆっくり聞くように、10秒、待ってみます。

⑧目をつぶっていた人は、ゆっくりと目を開けます。目線を少しずつ上げましょう。

ふりかえり：行う前と後の違いがあったら言葉にしてみましょう。

＊友達と意見交換をしたり、自分自身で味わうなど、自由に時間をとります。

アドバイス：子どもの年齢や集中力に合わせ、30秒から3分ほど続けます。

アクティビティ2
エレベーターの呼吸法

　この呼吸法は、授業中のアイスブレイクとして使ったり、保健室や相談室での個別指導で使ったりと、大活躍します。数分でできるシンプルな動きの中に、大きな効果が隠れています。

　子どもたちが、ストレスを感じているとき、呼吸が浅いと感じるとき、または緊張感があるときにとてもおすすめなアクティビティです。

　着席させることが難しい場合には、好きな姿勢でよいのですが、落ち着いた空間で行いましょう。

導入：エレベーターの動きのように、ゆっくり呼吸をしてみましょう。

展開：

①マインドフルネスに座ります（「アクティビティ0」20ページ参照）。

②息を吸いながら、空気が1階の下腹部から最上階の心臓の上に流れていくのを想像してください。息を吐きながら、空気が最上階の心臓の上から、最下階の下腹部に沈んでいくことを想像してみてください。

③②のエレベーターの呼吸を繰り返しましょう。

ふりかえり：「どんな感覚があるかな？　ゆっくり味わってみましょう」と声をかけて、自分がどんな感覚を持ったか、しばらく味わってもらいます。

アドバイス：最初は呼吸が短くなってしまっても構いません。練習しながら、できるだけ長くしていきましょう。

星の呼吸法・5本指の呼吸法

【星の呼吸法】

　不安や困難、心配な気持ちを抱えているときには、この呼吸法を試してみましょう。子どもたちは不思議なほど落ち着き、集中力を取り戻します。

　プリントはラミネート加工してカードにしておくのもおすすめです。本書の読者には、プリントのカラー版ＰＤＦを配布しますので、ぜひご利用ください。詳しくは奥付を。

導入：「星の呼吸法」のプリントを配ります。

展開：星を指でなぞりながら、息を吸ったり吐いたりしていきます。星の尖った先の部分に向かいながら息を吸い、星の先端で一休み。そして星のへこんだ部分に向かいながら息を吐きます。ゆ～くり、ゆ～くり、呼吸をしていってください。

ふりかえり：「星の呼吸法」をやる前とやった後では、心と体に違いがありましたか？　このプリントがなくても、星をイメージして、できるときにやってみましょう。

【5本指の呼吸法】

　全校集会や行事のような大勢でいるときの待ち時間や、健康診断で並んで待っているような場面で活用してみましょう。準備物が不要な呼吸法です。

導入：○○が始まるまでの時間、「5本指の呼吸法」をやって待ちましょう。

展開：

①両手をグーパーして、リラックスしましょう。

②片方の手を開き、手のひらを自分に向けて視線を落とします。反対の手の人差し指で開いた手の指をなぞりながら、ゆっくり呼吸していきます。右手を開いて左手でなぞっても、左手を開いて右手でなぞっても、どちらでもやりやすいほうでやってみましょう。

③まず、開いた手の小指の下に、もう片方の人差し指を添えます。息を吸いながら小指のてっぺんまで進み、てっぺんまできたら吐く息とともに指の付け根まで人差し指を下ろします。息を吸いながら、今度は薬指へ。同じような感じで、親指まで続けましょう。そして、親指まで行ったら、小指に戻ってきます。ゆっくり呼吸しながら、何度か往復してみましょう。目をつぶってやってもいいですよ。

ふりかえり：「5本指の呼吸法」をやる前とやった後では、心と体に違いがありましたか？　両手をお腹など、落ち着くところに置きましょう。

星の呼吸法・5本指の呼吸法

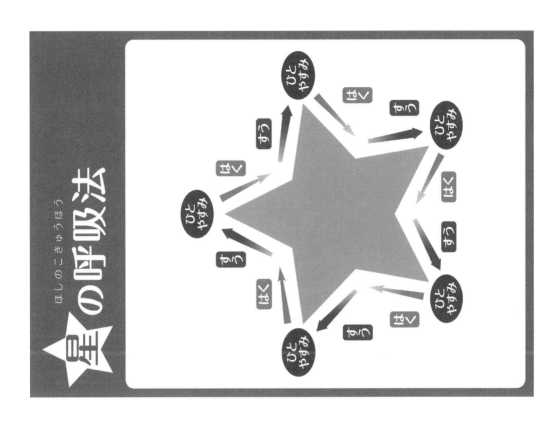

星の呼吸法 ほしのこきゅうほう

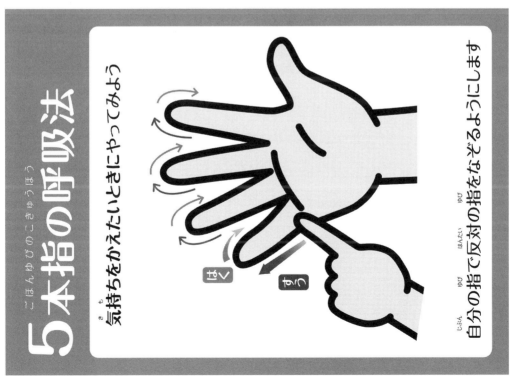

5本指の呼吸法 ごほんゆびのこきゅうほう

気持ちをかえたいときにやってみよう き

自分の指で反対の指をなぞるようにします じぶん ゆび はんたい ゆび

ほんの森出版HPから
PDFファイル配布

アクティビティ4
心にゆとりをつくる呼吸法

　授業の終わりや、何らかの活動の終了時に、あるいは活動と活動の間に、ちょっとした時間をとって実施するアクティビティです。混乱を鎮め、落ち着きと次の活動への明確な切り替えを促す効果があります。

　何か新しいことを始める前に、あなたと子どもたちが今している活動や思考を片付けましょう。

導入：（授業や活動などで使用した道具類を片付けて）○○の活動が終わりましたね。少し心にゆとりをつくる呼吸法をやってみましょう。

展開：

①マインドフルネスに座ります（「アクティビティ0」20ページ参照）。

②心の中で、自分自身に活動を終えたことを伝えます。例えば、「私はこの活動を終えました」「これでこの活動は終わり」などと心の中でつぶやきます。

③ゆっくり、なめらかな深呼吸を5回行います。これが心にゆとりをつくる呼吸法です。

④心の中で、または声を出して、前の活動に対する感謝の気持ちを表しましょう。

＊子どもたちと一緒にいるとき、または誰かが聞いているときなどは、気持ちを言葉に表すことで、感謝の気持ちの伝え方の見本を子どもたちに示すことができます。

⑤次の活動を始める心の準備をしましょう。

ふりかえり：自分の心の状態を観察してみましょう（少し時間をとる）。

　　心が整ったら、次の活動の準備にとりかかりましょう。

アクティビティの導入（チェックイン）の工夫

　アクティビティを始める前に、子どもたちのモチベーションや状態を確認するための3つの導入（チェックイン）をご紹介します。どれか1つ取り組むだけでも、子どもたちは「セルフモニタリング」の方法を学ぶことができ、アクティビティへの参加動機を自然な形で高めてくれます。

【心の天気図（ウェザーニュース）】

　ペアになって、晴れ、曇り、雨、嵐、穏やか、暑い、寒いなど、現在の「心の天気」の状態を共有します。時間があるときは、クラス全体で共有します。

【気持ち指数（ナンバーチェックイン）】

　ペアやクラス全体で、1〜10の評価の数字を共有します。
・現在のエネルギー量（非常に疲れていて元気がない状態を1、はち切れんばかりの元気な状態を10）
・全体的な気分（非常に気分が落ち込んでいる状態を1、最高に気分がいい状態を10とする）
・今日の一日の流れ（朝、昼、夕など区切って、気持ちの状態を1〜10で表す）

【動物なら、なあに？（アニマルチェックイン）】

　「あなたが今感じていることを、動物だとしたら、それは何の動物ですか？」と子どもたちに質問し、共有します。

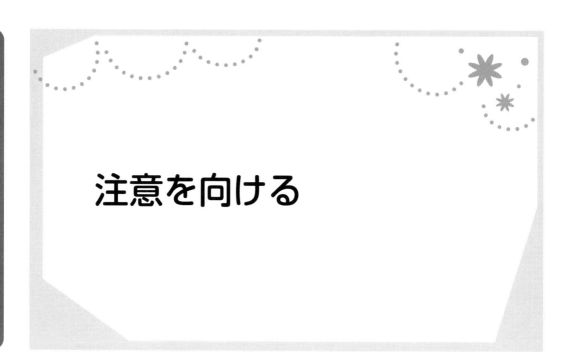

第3章

注意を向ける

「どうしてそんなに忘れるの？」「話聞いているの？」「気をつけなさい！」
　子育て真っ最中の家庭や学校で、多くの大人たちが口にする言葉でしょう。特に、ＡＤＨＤの特性のある子は注意力のコントロールができない傾向があり、対応に四苦八苦している方も多いのではないでしょうか。ＡＤＨＤのある子は、注意し続けることができないというよりも、注意力散漫な一方で過集中でもある様子から"注意のアクセルとブレーキを見間違えている"という状態であると理解してもいいでしょう。ですから、注意を向けるポイントやヒントをより詳細に具体的に伝えたり、注意を向ける順番を指定して段階的に「見る・聞くこと」を練習すると、次第にアクセルとブレーキを見間違えなくなったり、「よしアクセル全開にするぞ！」「今はブレーキだ！」と選択することができるようになります。そういうときに必要なヒントのことをマインドフルネスでは「アンカー」と呼びます。船の錨ですね。代表的なアンカーは、呼吸・音・身体意識（イメージ）です。
　子どもたちは体の部位の名称は知っていても、その部位の力を抜くなどの身体意識につなげることは難しいです。まずは、体の感覚をアンカーとして使えるようにするために、体に注意を向けるところからスタートします。マインドフルネスは、そのために役立ちます。

ストレス状況に直面したとき、頭の中で起こっていること

　ストレスの多い状況に直面したときに、脳で何が起こっているのかを少し

見てみましょう。ストレッサー（ストレスの原因となる刺激）に遭遇したときによく起こるのは、脳のより合理的な判断をする部分であり、道徳的および倫理的な意思決定を行う高次の思考の部位である前頭前野の働きが悪くなるということです。ストレッサーによってトリガー（引き金）が引かれると、脳の前頭前野の部分が遮断され、脳の最も原始的な部分である扁桃体のなすがままになり、思考停止となり、単純に戦闘・遁走・逃走モードになります（11ページの「コラム　マインドフルネスと脳の関係」参照）。

　つまり、ストレスがたまると、言葉で打ち負かしたりテーブルの上に何かを叩きつけたりしたい（戦闘モード）、逃げたい（遁走モード）、スランプに陥り意気消沈（逃走モード）というような原始的な反応状態になるのです。

　子どもたちが教室で暴れてしまうようなときは、何がストレッサーになっているのか、何がトリガーとなるのか、子ども自身が感じ取れず、実はとても困っているのです。ストレッサーとなる環境や原因を見つけて、できるだけ取り除いてからマインドフルネスのアクティビティに入るようにします。

自分に注意を向けて“気づき”がある

　多くの先生方は、授業の始まりから終わりまで子どもたちが集中し続けられないことは理解していると思います。しかし、年間のスケジュールの中で、「今日は〇ページまで進みたい」「別のクラスは△ページまで進んでいる」と、一生懸命教えます。そんな中で、子どもたちが集中を続けられないときに、アイスブレイクなどを入れると思います。同じように、ほんの少しの時間を使ってマインドフルネスのアクティビティに取り組んでみてください。

　マインドフルネスでは、子どもそれぞれの参加の仕方があり、それぞれの学びが生まれ、それぞれのふりかえりのあり方を認める作業を丁寧にします。順番を間違えたとしても、少しやり方を間違えたとしても、どのようなことも、「自分に注意を向けて“気づき”がある」のです。つまり、「やりたくなかった」「つまらない」「簡単だ」「面倒」という反応でも、自分へ注意を向けたからこそ、その言葉が生まれています。

「ほっと安らぐ場所が、自分の内側にあった」と気づける「種まき」

　私たちがマインドフルネスのアクティビティで目指したいのは、子どもたちに自分への扱い方を教え、「種まき」をしておくことだと考えています。子どもたちは思春期・青年期を迎え、自分とは何かについて悩み、進路を選択し、社会に出ていくでしょう。その中で、多様なストレスに出会い、自分ら

しく生きていきたい、と思ったときの「ほっと安らぐ場所が、自分の内側にあった」と気づける方法を先に伝えておくというスタンスです。

第2章で触れたように一定の時間取り組む公的なマインドフルネスのプログラム（例えば、ＭＢＣＴや .bプログラムなど）も存在しますが、学校生活に溶け込んでいくマインドフルネスは、子どもたちが「少し難しそうだけど面白そう…」と楽しんで行えるゲーム性が高いものが適していると思います。本書では、そのようなアクティビティを紹介していきます。

注意力を鍛える「変身の術」

子どもたちの興味は多様で、自分が興味を持てないこと、苦手なこと、初めてのことへの抵抗があったりします。また、ＡＤＨＤの傾向や特性がある場合には、注意を向け続けることが難しいことがあります。学校生活の大半では、先生の指示に注目する、指示を覚える、見通しを持って行動することが求められます。集団生活の中でまわりとペースを合わせたり授業中での集中を持続してほしいと願うのは、先生や保護者のみならず、子どもたち自身もそうありたいと思っています。

注意力・集中力を高めるためには、野球のバッティングやサッカーのシュート練習などと同様、繰り返し練習して"注意"をコントロールするための術を身につけることが重要です。

子どもにとっての注意力を鍛える術の1つは「変身の術」。「忍者なりきりモード」「クラゲに変身」など、"なりきる"ということです。ごっこ遊びの中に、「見るだけ遊び」を取り入れるのもいいと思います。先生が出す手の形（グー・チョキ・パーなど）をゆっくり変えて、まねしてもらいます。その後、耳を触る、おでこに手を当てるなど、顔や頭の一部を触るのをまねしてもらいます。そのとき声は出さずに行います。また、「聞くだけ遊び」（音の鳴るおもちゃや楽器を3つ以上用意して、順番に音を鳴らします。どれか1つの音が鳴ったときに両手を挙げる（もしくは立ち上がる）などと決めておきます）も注意力を高めるのに有効です。「ごっこ遊び」の役割の中であれば、楽しさ・面白さの中で、自然に「集中できた！」という体験が積み重なっていきます。

心で参加する子どもたち

授業中、指示を聞かない、私語をやめられない、姿勢が崩れる、輪に入ろうとしない、教室移動が遅れる、他のクラスメートにいたずらをする…など

という子どもたちへの対応に困る先生は多いと思います。教室でマインドフルネスの練習をするときも同じです。しかし実は、このような子どもたちも、マインドフルネスの練習の間、「学び」を続けているということを知っておく必要があります。興味がなさそうに見えても、心は参加しているのです。

このことを知っておかないと、「クラス全体を落ち着かせるためにマインドフルネスを採用したのに、収拾がつかなくなってしまった…」と戸惑い、担当する先生の意識があちらこちらに向きます。まさに、「マインドワンダリング」の状態に陥るのです。

どんな参加の仕方もふりかえりも、そのすべてがマインドフルネスなのです。焦ることはありません。何度も練習をすると必ず子どもとつながれる瞬間に出会います。同時に、目の前の子どもたちの内側の奥底に隠れている何かが動くことを感じます。それは表情やしぐさにはなかなか表れず、言葉にすることも難しく、自分の勘違いかもしれないと思うほどです。私のマインドフルネスの授業を見学に来た先生が、「目で会話する」「集団の空気が変わる」という表現で印象を語ってくれますが、細やかなサインを見つける双方向のやりとりは、見えにくいものです。

「静かにしなさい」「集中しなさい」と言葉で言って聞かせるよりも、体に注意を向けさせ、体動や行動で示したほうがいいことがあります。そんなときに、マインドフルネスが力を発揮しますので、ぜひ実施してみてください。

Column

マインドフルネスはテクニックではなく"在り方"

私たちは、常に選択をし、判断をしています。

雨予報のとき、折り畳み傘をカバンに入れますか？ それともどこかで雨が降ったら傘を買おうとしますか？ 誰かに借りる…？ 雨に濡れて走りながら帰りますか？ そして、雨が降ったとき、「なんで今降るんだ！」と怒りますか？ 「どうして傘忘れちゃったんだろう」と自分を責めますか？ 「いいや、走ってしまえ！」と小走りに駅に向かいますか？

多くの場合、"今"に心をとどめておくことが難しく、過去の自分を反省したり、この後どうするか、未来を選択することを"自動的に"行っています。実は、マインドフルネスの練習は、雨が降ったときに「雨が降っている」とただただ"今"をとらえることから始まります。時間としてはほんのわずかの"瞬間"です。そばで見ていると、雨が降り出して傘を取り出して傘をさす、当たり前

の行動に見えるでしょう。

　マインドフルネスの練習をしていくと、これまでの当たり前の行動が少し輝いて見えたり、すてきなこととととらえることができるようになったりします。大雨でずぶ濡れになったときに、雨に感謝をし、傘に感謝をし、傘を持てる自分の体に感謝をするというようなことです。雨が上がった後、子どもたちが傘や水たまりで遊んでいるのは、何に感謝しているのでしょうか？　水の動き、傘の重み、水の跳ね具合…、まさに"今"を楽しんでいるようにも見えます。

　マインドフルネスは、練習を積み重ねる必要がありますが、テクニックではなく、そのような"在り方"なのです。

Column

「ゆっくり・のんびり・おっとり」

　「廊下は走らない！」と叫んでいた時代から、最近は「ゆっくり静かに歩こう！」というポスターが校内に増えてきました。

　子どもたちは、ゆっくり歩くことが大事だという知識はあるし、その重要性も理解しています。自分たちが走ると怒られることもわかっています。しかし、それができない…。なぜなら、"ゆっくり""歩く"という言葉と、"体がゆっくり歩いている"という状態とがつながっていないからです。

　子どもたちに"ゆっくり"というスローモーションの状態をわかりやすく楽しく伝えるには、ゆっくり動く生き物（カメ、ナマケモノ、クラゲ、コアラ、マナティなど）になりきって、呪文のようなフレーズを言いながらゆっくり歩くという練習も効果的です。エリック・カール作の絵本、『ゆっくりがいっぱい』（工藤直子訳、偕成社、2003年）も参考になるでしょう。

アクティビティ5
ボディスキャン

　このアクティビティは、「自分の体に注意を向ける」ための基本的なものです。子どもたちの年齢によっては、「ボディスキャン」という言葉を使って説明しても理解できるでしょう。大人の場合は体の部位を細かく分け、たっぷり時間をかけて実施していくことが多いのですが、子どもの場合は頭、胸、お腹の３つ程度の少ない部位に注意を向け、２分程度で取り組んでいきます。

導入：これから頭とか胸とかお腹とか、体の場所の名前を言いますので、そこがどんな感じがしているか、注意を向けていきましょう。自分の体を顕微鏡でしっかり見ていく感じです。どんな感覚があるかは、人それぞれです。

展開：

①マインドフルネスに座ります（「アクティビティ０」20ページ参照）。

＊椅子の背にもたれることなく、体の力を使って背筋を伸ばして座ります。

②では、目をつぶっていきましょう。目をつぶるのがイヤだなというときは、遠くを見ているだけでいいです。ゆっくり呼吸をしてください。

③今、頭はどんな感じがしますか？　痛いかな？　痛くないかな？

④次に、胸はどんな感じでしょうか？　ドキドキしているかな？

⑤最後はお腹です。おへその後ろのあたりは、今どんな感じがしますか？　温かいかな？　冷たいかな？

⑥はい、ここまでです。ゆっくり目を開けていきましょう。

　状況に応じて、以下の消去動作を入れましょう。消去動作とは、体をゆっくり動かしたり、小さな声を出して、しっかり目覚めることです。

＊体の中全部に、すてきな空気、すてきな色、すてきなエネルギーを入れるように呼吸をしましょう。たくさん吸って、はあ～と吐きます。

＊手をバンザイして、はあ～と息を吐きながら下ろしましょう。さあ、次の活動も頑張りましょう。

ふりかえり：どんな感じがしますか？

ボディスキャンの
別バージョン動画

アクティビティ6
ムドラマントラメディテーション

　このアクティビティは、集中力を高め、意識を自分の内側に向ける効果があり、一種のメディテーション（瞑想）と言えます。「ムドラ」とはヨガで使用する手の形・動きのことです。呼吸に合わせた指の動きは、落ち着きと平穏を取り戻す助けとなります。

　また、ムドラは、「マントラ」（言葉・呪文）や「アファメーション」（肯定的な自己宣言）と組み合わせることもあります。自分自身への肯定的なメッセージを手の動きと一緒に心の中で唱えます（「大声でしっかりとした声で始め、ゆっくりと静かなささやき、最終的に心の中で唱え、最後は沈黙へ移行」というやり方もあります）。

　テストの準備に向けてモチベーションや意欲を高めたいときや、自信をつけたいときに適したアクティビティです。

導入：今日はムドラマントラメディテーションをやります。ムドラとは手の形・動きのことで、今日は指をくっつけて離すということを、順番に全部の指でやりながら呼吸をしていきます。そして、自分自身への肯定的なメッセージを手の動きと一緒に心の中で唱えますよ。

展開：
①手のひらを上にして膝の上に置きます。肩はリラックスします。
②息を吸いながら、親指と人差し指の腹をくっつけます。
③次に、息を吐きながら、親指と中指をくっつけます。
④今度は、息を吸いながら、親指と薬指をくっつけます。
⑤次の吐く息で、親指と小指をくっつけます。
⑥呼吸をしながら「私はできる」「私は大丈夫」など、自分自身にポジティブな言葉かけを行っていきます。心の中で唱えても効果は変わりません。
⑦完了したと感じるまで、数回繰り返しましょう。

アドバイス：子どもたちに、自分のマントラをつくってみるように提案するのもいいでしょう。右のQRコードからの動画では、マントラを「ドレミファソラシド」にして、【自由に楽しく】実践しています。

アクティビティ7
集中1・2・3!

　瞑想を体験する前や、授業中に子どもの姿勢が崩れていたり、だらけているように見えるときに実施してみましょう。このアクティビティを習慣化することで自分に注意が向けられるようになり、自分の状態をモニタリングする力が身についていきます。

導入： このアクティビティは、教室で座っているときや、自宅で宿題をしようというときに練習できます。簡単ですぐに覚えられます。「１・２・３」もしくは「Ａ・Ｂ・Ｃ」「い・ろ・は」などを呪文のように暗記してしまうと簡単です。

展開：
①マインドフルネスに座ります（「アクティビティ０」20ページ参照）。
＊椅子の背にもたれることなく、体の力を使って背筋を伸ばして座ります。こうすることで、よい緊張感と落ち着きを促します。
②「１」と言ったら、自分の体に意識を向けます。
③「２」と言ったら、自分に気持ちに注意を向けます。
④「３」と言ったら、呼吸をカウントしながら、ゆっくり息を吐き切ります。

ふりかえり：（数秒の沈黙の後）どんな感じがしますか。みんなで話し合ってみましょう。

　習慣化できそうであれば、プリント課題の前や、話し合いの後などに、アイスブレイクとして活用しましょう。慣れてきたら、もしくは年齢が高い場合には、次の流れで行いましょう。

導入： 切り替える力を身につけるために練習しましょう。
展開：
①ベル（チャイム）を鳴らして、全体の音に耳を傾けます。
②「集中１・２・３！」をやって呼吸に意識を向けます。
③頭から体の下半分に向かってボディスキャン（「アクティビティ５」33ページ参照）の練習をします。ここでは体の感覚に意識を向けますが、痛みや不快感ではなく、代わりに脈動や体温、体内外で感じるリズムなど、その他すべての感覚に気づきましょう。

ふりかえり： 今、どんな感じがしていますか。

マインドフルネスウォーク

　このアクティビティは、活発なエネルギーを増やしたいときに実施するとよいでしょう。野外や体育館、多目的ホールなどの広い場所にいるときが実施のチャンスです。

　始める前に、まず、以下の４つの大切なことを押さえておいてください。

１　五感（視覚、聴覚、触覚、嗅覚、味覚）に意識を向けるように声かけをする。

２　時間をかけてゆっくりと調整しながら呼吸し、"今この瞬間"に意識を向ける。

３　鋭い観察力とリラックスした心で、この世界に静かにいる自分やまわりの環境を感じながら、気づいたことを書きとめるように指示する。

４　子どもたちに感じたことを描いたり書いたりするための時間を十分に与える。

導入：今日は、いつもよりもたくさん、体の感覚を使って歩いてみましょう。

展開：

　校庭（もしくは公園などの野外）に行きます（体育館や多目的室などでも可）。

①まわりの自然を感じながら、ゆっくりと歩きます。木の葉はどんな色をしていますか？　地面に落ちていますか？

②鼻から息を吸って匂いを感じてみましょう。どんな匂いがしますか？　自然の匂いを感じますか？　木の葉の匂いがしますか？

③耳を澄ましてみましょう。何が聞こえますか？　生き物たちの動く音が聞こえますか？　歩くたびに、葉っぱを踏む音が聞こえますか？

④落ち葉を拾ってみましょう。どんな手触りですか？　一部が破れていたり、かけていますか？　バリバリと音を立てますか？　どんな色をしていますか？

⑤意識を歩くことに向けましょう。足を一歩、また一歩と、ゆっくり前に踏み出します。足が地面に触れる感覚は、どんな感覚ですか？

⑥歩くのを終えたら、立ち止まり、その場で静かに深呼吸をしましょう。

ふりかえり：グループになってそれぞれが観察したことや、それが自分にどのような影響を与えたかを話し合います。

アドバイス：自然の中でのマインドフルネスウォークは、季節の変わり目に実施するといいでしょう。また、一年を通して続けられると、季節がどのように移り変わり、それを

体や心でどのように感じるのかを体験できます。一年の終わりに「年間を通してどのような変化に気づきましたか？」と聞けると最高です。教室に戻って、感じたことを描いたり書いたりするための時間がとれるといいですね。

【マインドフルネスウォーク（教室バージョン）】

教室バージョンでは、以下の３つのことを押さえておきましょう。

> １　短時間でも時間を区切って、歩くことへ意識を向けます。
> ２　歩くときに五感のうちのどれに注意を向けるのか、順番を決めておきます。
> ３　教室の中で誰にもぶつからないようにゆっくり歩くことも十分練習になります（場合に応じて、椅子や机を寄せて広いスペースをつくりましょう）。

導入・展開：教室の中でゆっくり、五感すべてを味わいながら歩きましょう。

＊イメージをするだけでも効果的なので、アクティビティに入れない子どもがいた場合には、座ってイメージしながら雰囲気を味わうように伝えます。

【マインドフルネスウォーク（探検バージョン）】

探検バージョンでは、忍者や虫、動物になりきってマインドフルネスウォークをしていきます。

導入：忍び足で動く忍者や、ゆっくり進む虫や動物になりきって歩いてみると、どんな気持ちになるかな？　自分の体の重心や足の裏に特に意識を向けて取り組んでみましょう。

展開：

①ぶつからないように自由に楽しくゆっくり歩き回ります。

②歩くときは、忍者の忍び足のようにゆっくり、ゆっくり、ナメクジのようにとろ～り、とろ～り。「足のかかと」「足のつま先」などとつぶやきながら歩いてみるのもよいでしょう。

③曲がりたくなったら曲がり、まっすぐ歩きたかったら歩き、前に進んだり後ろに進んだり、斜めに歩いてみたりと、自由に動いてみましょう。

＊教室で行うときは、「お友達とぶつかりそうになったら笑顔でよけましょう」と声をかけます。

ふりかえり：ペアや仲間で感想を話し合ってみましょう。

アクティビティ9
気持ちの波を見るマインドフルネス

誰にでも感情の波があり、時には穏やかに、時にはその波が激しくなります。このアクティビティで自分の感情が浮き沈みするときに注意を払うことによって、マインドフルなアンカー（錨）を下ろすことができます。

導入：今日は、自分の感情の波に注意を払ってみましょう。感情の波があるのは悪いことではありませんが、このアクティビティで自分の感情の波に気づくことで、怒りや大きな悲しみの波に完全に流されなくてすむかもしれません。

展開：

①マインドフルネスな体に落ち着くための時間をとります（ベルを鳴らす）。

②自分の感情が浮き沈みしていることに気づいたときのことを考えてみてください。ある朝だけだったかもしれませんし、丸一日だったかもしれません。そのようなときのことを思い出すのが難しい場合は、難しいテストや発表をしなければならなかったときのことを考えてみてください。

③その瞬間の直前に、自分がどのように感じていたかに気づくことができるかどうかを確認してください。……その後、感情が浮き沈みしている間、……そしてその後、……どのような体の感覚に気づきますか？　どんな感情に気づきましたか？

＊あまり時間をとらずに終了のベルを鳴らしたり、声かけをします。

ふりかえり：そのような感情の波を経験したのは、よい日だったと思いますか？　それとも悪い日だったと思いますか？　そのような波は、一日の中でも一瞬だけピークに達したのではないでしょうか？　そのような1つの困難な感情に基づいて、まるまる一日が悪い日だったと判断してしまうことがあります。

　波が高すぎる場合に、再びアンカー（錨）を固定するのに役立つマインドフルネスのツールは他にどのようなものがありますか？　これまでやったマインドフルネスのアクティビティを思い出してみましょう。何か困難なことが迫っていることがわかったときのために、マインドフルになれる方法を宝箱にしまうように、自分の「ツールボックス」に入れておくようにするといいですね（ふりかえりのためのワークシートを用意するのもいいことです）。

Column

ヨガとマインドフルネス

　多くの子どもたちが、ストレス発散の方法として、スマホやゲーム機を使ったゲームを挙げます。ゲーム依存が心配な事例も増えています。子どもたちは「ゲームをするとスッキリする」「ストレスがなくなる」と魅力を語る一方で、「他にやることがないから」「暇つぶし」という反応もあります。

　ゲームをしている間の脳はリラックスしているわけではないのですが、子どもたちはリラックスすると信じています。そのため、ヨガやマインドフルネスを行った後、「なんか変」「不思議な感じ」と言葉では説明できない初めての身体感覚や"脳が休まる"感覚を体験するようです。

　ヨガは、呼吸やポーズを通じて自分を味わい、自己調整の方法を身につけるという点でマインドフルネスと類似しています。ヨガにはシークエンスといって流れがあるのですが、マインドフルネスにもさまざまな種類のアクティビティがありますので、それらを組み合わせて流れをつくることができます。本書では、学校や家庭の日常の中で使えるマインドフルネスを紹介していますが、ある程度の期間続けて、子どものたちの変化を見ていくことが重要です。ヨガやマインドフルネスは、練習を積み重ねることで、さらなる効果が期待できるからです。

　ヨガとマインドフルネスを行き来させるような使い方もできます。マインドフルネスの練習をする際、じっと座ることが難しかったり、説明を最後まで聞かずにどこかへ行ってしまったりする子どもがいます。そういうときは、体を動かすことで満足する発達段階であれば、ヨガのポーズを用いることも有効です。

　また、ヨガは最後に「休息のポーズ」であるシャバアーサナ（「屍のポーズ」という表現が過激なので、子どもたちには「休息のポーズ」「お休みのポーズ」と伝えています）で終わるのですが、「休息のポーズ」でゆっくり静かになれないタイプの子どももいます。そして、そのような子がマインドフルネスの呼吸法で穏やかさを身にまとうことができたりします。

　子ども向けのキッズヨガクラスでは「休息のポーズ」を無理強いしませんが、学校でヨガを行う場合は、集団での流れをつくることも求められるでしょうから、マインドフルネスの呼吸法を、場面の切り替えとして取り入れるのもいいと思います。

第4章

マインドフルネスの効果

夢をかなえる力を育む

　　大人は先に生きる者として、子どもたちによりよい育ちをしてほしいと願います。自分たちが生きた人生の先を子どもたちが歩くのだとイメージします。しかし、時代の流れは目まぐるしく、人とのコミュニケーションツールは多様化し、子どもたちが生きるのは、なかなか具体的に思い描くことができない未来なのです。

　　子どもたちが、そんな時代でさまざまな職業に就き、夢をかなえ、よりよく生き抜くためには、子どもたちに情報を与えることです。その情報は、行動の先にある結果や行動の仕方ではありません。子どもが「行動を選択する力」を身につけるための源泉に触れる際に活用する情報です。マインドフルネスは、自分を知り、自分に何が起きているのかを説明し、自分で調整する力を育みます。自分で心を穏やかにし、リラックスと集中を呼び寄せることができる力は、不確実な未来を生きる子どもたちに必要な力だと思います。

テストなどの本番で力を発揮するために

　　誰しも不安なことがあるとそのことだけが頭をよぎり、目の前のことに集中することができません。練習でできていたことが、本番でできなくなったりします。

ある子は、宿題を提出する日や、テストの1週間前は必ず学校を休むようになっていました。理由は腹痛でしたが、本人はその原因が理解しきれていませんでした（宿題やテストが原因だと認めたくないということでもあるのでしょう）。テストの本番になるとミスをしてしまって、実力を発揮できない子どももいます。

　不安は、脳の海馬の機能を低下させて記憶の定着が遅くなるだけでなく、記憶している学習内容を想起することを難しくしたり、前頭前野の機能を低下させて（つまりは集中できる時間が減少）、問題文を読み違えたり、ケアレスミスを誘発する可能性があります。テストは神経質になる出来事ですので扁桃体が危険にさらされているというメッセージを受け取り、発火したように短絡的に物事をとらえ、習得した記憶やスキルを想起することが止まってしまうこともあります。

　こんなときこそ、マインドフルネスの出番です。だだし、練習なしにテストだからと急にマインドフルネスができるわけではありません。ぜひ日常的な練習で身につけておきたいものです。

学習への集中や記憶力を高めることにつながる

　マインドフルネスは、呼吸・身体意識・音をアンカー（錨）として、自分を見て、自分を知る素材を提示してくれます。単純に「リラックスしなさい」「集中しなさい」という指示ではなく、自分を見るさまざまな形の鏡を提供するようなイメージです。

　どのマインドフルネスのアクティビティが自分に合っているのかを見つけるのは、季節に合わせた洋服のコーディネートを考えることと似ています。アクティビティを繰り返していく中で、より短時間にアンカーを選択できるようになり、自ら取り組むようになっていきます。

　ゆっくり鼻から空気が入ってくる感覚や、息を吐き出したときの感覚に注意を向けると、副交感神経を活性化できるとされています。その効果は脳の海馬と前頭前野の機能の調整へとつながり、集中して学習に取り組めたり、記憶力を高めることにつながっていきます。マインドフルネスに取り組んでいる時間は、授業や勉強と離れているように感じるかもしれませんが、「学び続けている」のです。

子どもの気持ちに「クヨクヨモンスター」などと名前をつけてみる

　学校行事の前後や学期はじめは、登校しぶりが目立ちます。夏休み明けの

時期は、自殺予防のニュースも多く見かけるようになります。著名人や不登校の経験者がＳＮＳなどで発信することも多くなります。朝、ぐずぐずして登校するかどうかわからないわが子に苛立ち、学校への連絡をどうしたらよいか戸惑う保護者も多くなります。

　そんなときはまず、ぐずぐずしている子どもの気持ちに、例えば「クヨクヨモンスター」などと名前をつけましょう。そして、「おっ、やってきたな、クヨクヨモンスター、おはよう」と声をかけるのです。クヨクヨモンスターはときどき出てくるもので、「その子のすべてではない」ことを理解しあえたら、子どもと一緒に「星の呼吸法」や「５本指の呼吸法」をしましょう（「アクティビィ３」24ページ参照）。

　今日は家で過ごすことになるかもしれないし、学校へ行く勇気がわいてくるかもしれません。もし、そんな子が校門まで来てくれたら、先生は入り口に腰かけたり人目につきにくいところで、ゆっくりとその子どもの呼吸のペースに合わせて、クヨクヨモンスターの色や形、名前、どんな特徴があるのか、話し合ってみてください。クヨクヨモンスターはどこにでもいることや、大人にもやってくること、クヨクヨモンスターの友達にはイライラモンスターもいればガンバリモンスターもいる、なんてことも話題にするといいと思います。すると、子どもにも少しずつ客観視する力が伸びてきます。

　一人一人と寄り添える環境では、呼吸を繰り返すときにネガティブな考えや出来事を呼吸に乗せて外に出すようにします。例えば、息を吸って吐くタイミングで、「友達がいない」「勉強が苦手」「運動が嫌い」という考えを言いながら、もしくは心の中でつぶやきながら、心配ごとを吹き飛ばしていきます。遠くのほうまで吹き飛ばしたら、大きなゆっくりとした呼吸を子どもと一緒のタイミングでしてみます。すぐには全部消え去ることはないかもしれませんが、まさに「痛いの、痛いの、飛んで行け〜」なのです。

　マインドフルネスでさまざまな呼吸のアクティビティの練習をしていると、このような場面で自然に活用できます。

なんか落ち着く気持ちになれた

ゆったりできて、とってもリラックスできた

疲れとかストレスがとれた気がした

〈あるがまま〉を尊重しあう世界

　このようにマインドフルネスにはさまざまな効果がありますが、マインドフルネスを子どもたちの「心のお守り」や「体を守る鎧」とするには、子どもの不安に寄り添うために"理解を示す"という態度が必要です。

　子どもがお腹が痛いと言えば、私たち大人は自然に子どもの不安・悩みに寄り添うことができます。しかし、"小さな不安"に対しては、なかなか向き合うことができません。例えば、Aさんは「テストで失敗するのではないか」と不安を抱えています。Aさんは学年でもトップクラスの成績なのに、毎回「テストの一日を無事に終わることができるだろうか」「テストの結果が悪かったらどうしよう」と四六時中不安の渦に飲み込まれていたのです。友達に「Aちゃんは頭いいから大丈夫だよ！」と励まされても、「Aさん、テストがんばっているね」とほめてもらっても、常に不安を抱えていたのです。

　そうした「悩みを持つこと」は「自分の弱さ」だと、子どもたちは認識しています。マインドフルネスは、自分の心配ごとに気づき、優しさを持って対処することを可能にするものです。心配ごとを持っていることや、不安という感情があることに対して、「大丈夫、OK」と、やさしく見つめ直す柔軟性や自己肯定感を育むことを目指しているからです。

　また、子どもたちは「自分一人で解決したほうがよい」とも理解しています。マインドフルネスによって、不安という気持ちが自分によって変化する体験を積み重ねることで、"一人で"自分を見つめることに挑戦する勇気を持てるようになります。不安になっている心と緊張している体に気づき、丸ごと自分で受け止めて、ゆっくり呼吸をします。「ああ、ただテストが不安なんだ」と"ただの事実"として見ることができると、穏やかな雰囲気で教室に入ることができます。

　ただし、マインドフルネスを強要し、練習を一方的に提案し、"上手に"自分をコントロールするような方法として紹介するのはマインドフルネスの本質を損ないます。子ども向けのマインドフルネスは、どのように届けるかが重要であり、学校教育、子育ての根っこである〈あるがまま〉を尊重しあう世界です。きれいなドレスを着て化粧をし、靴を磨く必要はありません。ありのままの自分で、そのまま子どもたちと一緒にマインドフルな世界に没頭してみましょう。一緒にマインドフルネスを体験しているうちに、子どもが不安な気持ちを大人に対して言葉にすることができれば、孤独感を持つことはありません。問題がすぐに解決しなくても、解決の端緒が見えるかもしれないという希望を持つことは、人生の中でとても重要な場面になるでしょう。

フラミンゴウォーク

　このアクティブティは、通学（通勤）などで歩いているちょっとした時間に、毎日でも練習できるものです。子どもたちが落ち着かないなと感じたときに、ぜひ実施してみてください。意識を足の先に向け、せわしない頭の中の考えから意識を遠ざけることで、心穏やかになることができます。

導入：イメージしてみてください。皆さんは飛行機に乗って、ケニアのナクル湖に向かっているところです。下を見ると、湖全体が明るいピンク色に見えます。たくさんのフラミンゴたちです。実はフラミンゴは、生まれたときは灰色で、エビを食べて育つことにより、そのエビに含まれる β カロチンによってピンクになるんです。人参がオレンジなのも β カロチンが含まれているからです。皆さんもニンジンを食べたことがあると思いますので、β カロチンを食べたということになります。フラミンゴと同じ経験をしたということになりますね。では、そのフラミンゴと同じように歩けるか試してみましょう。

＊イメージを深めるためのイラストを示すのもいい方法です。

フラミンゴのイラスト入りのワークシートをつくって、好きな色に塗ってもいいでしょう

展開：

①格調高いフラミンゴになったつもりで、両足で立ってみましょう。首を長く伸ばし、頭のてっぺんから、首、胴体、足、足の裏へと順に意識を向けてみます。意識を体の下のほうに持ってくるたびに、その体の部分がどんな感覚がしたか、感じてみましょう。

②目を閉じてみましょう。フラミンゴのように、できるだけ動かないようにじっと立ってみてください。何に気づきますか？　フラミンゴになってみたあなたが感じる体や足、じっとしているからこそわかる小さな動きに気づいてみましょう。

③フラミンゴになったあなたの両足が、どうやって床を触っているのか感じてみましょう。

④次は、フラミンゴになったあなたの重心を動かしてみましょう。左足に重心を動かすと右足がどんどん軽くなっていきます。右足は徐々に床から浮き上がり、ほら、片足だけで休むのが好きなフラミンゴと同じように片足だけで立っています。

⑤右足を空中でゆっくり前に動かした後、床に下ろしましょう。右足が床に着くと同時に、今度は左足が床から浮き上がります。フラミンゴが歩くように、左足の膝を曲げてみます。左足が床に着くと、今度は右足が浮き上がり、フラミンゴのように膝が曲がっていきます。フラミンゴの美しさやバランスを想像しながら、そのままゆっくり優雅に歩き続けてみましょう。

ふりかえり： フラミンゴとして歩いてみて、どんなことに気づきましたか？　（ワークシートを用意して）フラミンゴの吹き出しに、気づいたことを入れてみましょう。

＊「集中できなかった」と言う子どもがいても大丈夫です。「気が散ったとしても、フラミンゴウォークを続ける（に戻る）ことが大切なのだ」と応援してあげましょう。

木のように立ってみよう

　エネルギーが高く、衝動的な子どもが多いクラスでは、静かな時間やゆっくりとした動きを導入するのが難しいかもしれません。そんなときには、このアクティビティのような体全体を用いるゲーム性のあるものや、ヨガポーズを取り入れるといいでしょう。

　このアクティビティは、ストレスが多いとき、気持ちが高ぶっていてどうしようもないときなどに、心を穏やかにするのに最適なものです。実施時間も1～2分で、用意するものも特にないので気軽に実施できます。

　このアクティビティを習慣化し、毎日の生活に取り入れることで、気持ちが高まったとき（気持ちがうまくコントロールできないとき）に大きな効果が出るでしょう。

導入： 強く激しい感情を持つことは、日々の生活の中で誰もが経験することです。ここで鍵となるのは、高ぶった自分の感情にどう対応できるかです。高ぶった感情によって自分を見失ったり、思いもつかないような行動をしてしまったり、もしかしたらもっと心を動揺させてしまうかもしれません。

　このアクティビティは、ストレス、怒り、さまざまな強く激しい感情がこみ上げてきたとき、心を穏やかにするのに役立ちます。反射的な行動をとる代わりに、優しさや知識に基づいた行動がとれるようになるでしょう。

展開：

　まずは自分がしっかりと根付いた木だと想像して練習してみましょう。何度か練習するうちに、根、幹、木の葉、静けさなど、アンカー（錨）の役割となる言葉を使い、自分自身でこのエクササイズができるようになるかもしれません。

①根：Roots

　木のように立って、頭の一番上から足元に意識を向けてみましょう。あなたの足が木の根だと想像してください。あなたの足は、激しい嵐にも負けないように深く、根強く地中に伸びる木の根のように、あなたを支えているのです。

②幹：Trunk

　お腹に手を当ててみましょう。吐いたり吸ったりして、呼吸に合わせて動くそのお腹の動きを感じてください。そしてあなたのお腹が、どんな強い風が吹いても、雨が降っても、しっかりとそびえ立つ木の幹だと想像してみましょう

③木の葉：Leaves

　あなたの意識を肋骨に沿って、手の先まで向けてみましょう。手が木の枝だと想像し

てください。そして指先が、風に揺られて動いている木の葉だと想像してみてください。時には優しく、時には激しく、風に吹かれて揺れる木の葉のように、あなたの考えや気持ちも、常に動き変わっていきます。

　感情が高ぶるとき、たくさんの考えに埋もれそうなときは、まずはそのことに気づき、しっかりと伸びる木の幹を思い出し、体の中をめぐる呼吸に意識を向け、マインドフルネスを思い出しましょう。

④静けさ：Still

　高くそびえる木のようにしっかりと立ち、深呼吸を何度かしましょう。力強く、地に根を下ろし、まわりの空気にも意識を向けましょう。

⑤もし木が歩けるとしたら、どんなふうに歩くか想像してみましょう。

　このアクティビティは終わりますが、これから一日を迎える中で、強さや丈夫さを活かしてみましょう。

ふりかえり：木のように立ってみて、どんなことに気づきましたか？　今、何を感じていますか？

＊子どもたちの答えがどんなものだとしても、その感覚、その気持ちに気づくこと自体がマインドフルネスなのだと受け入れましょう。

アドバイス：右のＱＲコードからは【木になりきって呼吸＋プチヨガ】の動画がご覧になれます。山のポーズなど簡単なヨガのポーズととりながら丁寧に呼吸していきます。

４７８の呼吸法

「４７８の呼吸法」とは、４秒間息を吸って、７秒間息を止め、８秒間かけて息を吐き出す呼吸法です。無理をさせないように進めるのがポイントです。

落ち着く必要があるとき、テスト前やテスト後、子どもたちが緊張していると感じたときなどに実施するとよいでしょう。「できるようになったら、寝る前にやるのもいいですよ」と伝えます。

導入：気持ちを切り替えたいときには "呼吸" を意識的にするとよいと言われています。実験するような気持ちで、まずはやってみましょう。苦しくなってしまうと体によくないので、無理はしないようにします。先生が出すカウントに合わせなくても大丈夫です。

展開：

①マインドフルネスに座ります（「アクティビィ０」20ページ参照）。

＊あぐらでも、足を揃えて足裏を床に着けた状態で椅子に座ってもＯＫです。

②４秒間、鼻から深く息を吸い込みます。

③その息を吐いてしまわずに、息を止めて７秒間キープします。

＊７秒間息を止めることが難しい場合は、時間を短縮します。

④次に、ゆっくりと８秒間かけて口から息を吐き出します。

⑤これを４回繰り返します。

⑥最後に、息を大きく吸って、好きなだけ吐き出しましょう。

ふりかえり：難しかったかな？　楽しくできたかな？　自分がどんなふうに思っているのかを感じてみましょう。少し静かな時間をつくります。

アドバイス：子どもたちが息を止める時間は最小限に抑えましょう。低学年は、息止めしなくてよいです。

４７８の呼吸法のワークシート

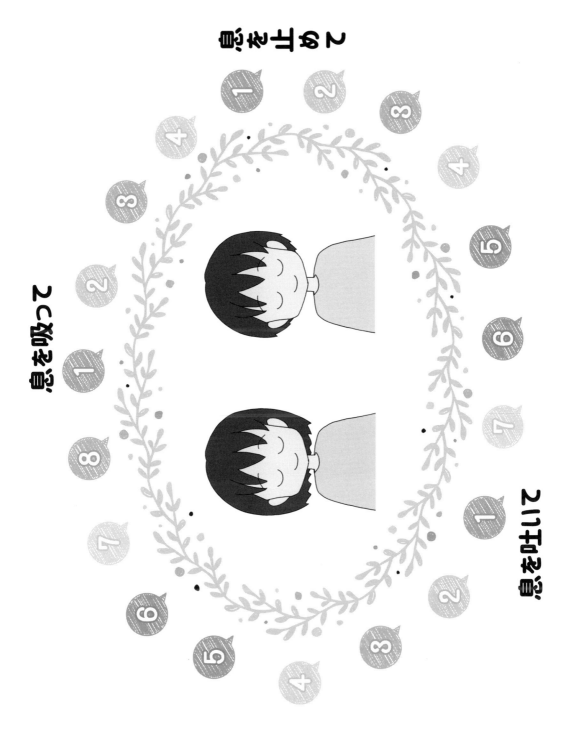

ほんの森出版HPから
PDFファイル配布

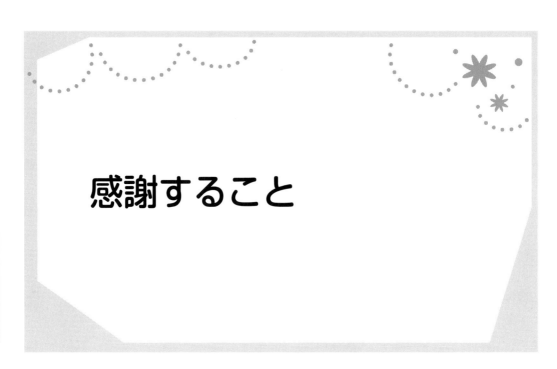

第5章

感謝すること

人・物・出来事を、優しさという薄いベールで包む

　「感謝する」ということは、何かとびきりのことをするのではなく、「人・物・出来事を、優しさという薄いベールで包むこと」ではないかと考えています。ことさら「いい人」「優しい人」になる必要はありません。さまざまなことを優しさでとらえる方法を知ることで、「こんなことにも"感謝できる"んだ」と気づくことでしょう。普段何気なく使っている物や、つらい出来事を、まずは優しさという薄いベールで包むことで、日々の生活が違って見えてくるのです。

　子どもたちが集団になれば、トラブルはつきものです。かまってほしい気持ちを抑えられず、先生の注意を引いたり、いろいろな背景でクラスメートを殴ったり罵倒したりする子どもも少なからずいます。そんなとき、私たち大人は仲裁に入りながら、「どうして気持ちのコントロールができないのだろう」と"できる・できない"の価値の判断をしながら支援していることが多いのではないでしょうか。

　そういうときこそ、例えば次に紹介する「人生って楽しい！」のようなミニゲームから入り、マインドフルネスのアクティビティを実施し、人・物・出来事に対して感謝する時間をつくってみてください。そういう時間の中で、ちょっと苦手な人とのよい距離感が見つけられたりして、子どもたちの輝きがより一層増すことでしょう。

【ミニゲーム】人生って楽しい！

導入：このゲームは、嫌な出来事を、違う視点から見られるようにするゲームです。

展開

①柔らかいボールを1個準備して、輪になる。

②ボールを持った人は、日頃のちょっと失敗した出来事（「今日、鉛筆なくしちゃった」など）を言った後、「人生は楽しい！」と言って、他の人にボールを転がして渡す。すでに失敗を発表した人にボールが行ってしまったら、その人は「人生は楽しい！」とだけ言って、なるべくまだ発表していない人にボールを転がす。

ふりかえり：それぞれが感想を言い合う。

感情のセンサーをたくさん持っている子 ●●●

　　傘を持たずに外出し、雨に濡れたら多くの人は残念に思うでしょう。けれど、「恵みの雨だ」と感謝している人もいるでしょうし、下から見上げる雨粒を絵として描きたくなる人もいるでしょう。

　　雨を悲しんでいるときも、雨を楽しんでいるときも、どちらも心の変化や感情に触れる瞬間です。私たちは1つの出来事に対していろいろな感情が生まれます。その感情は自分のものですし、感情の変化に気づくことができるのも自分です。

　　子どもの中には、そうした感情のセンサーをたくさん持っているために、人の輪の中にいると疲れやすいタイプの子がいます。センサーのスイッチを入れるのは"環境"であるため、季節の変わり目や学校行事の前後、家族構成の変化、引っ越しや転校などによって戸惑ってしまうことがあります。

　　そんな感情のセンサーを多く持っている子の行動の1つに、「学校へ行かない」というものがあります。人には、知らないことや変化に驚いたり困ったりする機能があります。それは、危険な場所や出来事から命を守る行動を本能的にするために必要な〈判断〉でもあります。その子は「学校へ行かない」という判断で、自分を守る行動をとったのかもしれません。あなたがその子の担任や保護者だった場合、「学校へ行かない」と判断したその子の感情や心にも、「ありがとう」と感謝を言葉にできるといいですね。

　　マインドフルネスは、生きる上で必要な感情のセンサーを「攻撃」だけに使うのではなく、物事を大切にふんわり包んで感謝したり、距離を置いたりできる技術を教えてくれるものです。

食べることは無意識的な行動になりやすい ▰▰▰▰

　ここで食べることについて考えてみましょう。

　私は、自然の中で常に遊ぶような環境で幼少期を過ごしました。自分で育てたキュウリがものすごく曲がっていたことや、トマトが青臭くとても驚いたことを鮮明に記憶していて、新鮮な野菜や果物を味わいたいという気持ちが強くあります。その一方で、仕事で疲れて帰宅し食事をつくる気にならないと、コンビニに向かったり、テイクアウトや配達可能なメニューを選択したくなることも。

　夜中にシュークリームが食べたいと思えば、コンビニに駆け込める地域にお住まいの方もいるでしょう。3分でお腹を満たす商品もたくさんあります。「早くて、安くて、美味しい」は現代において1つの価値であり、私自身もその恩恵を受けています。

　また、ネット環境の発達で、映画や動画にいつでも親しめるようになりました。飲み物とお菓子を用意して、自宅が映画館になった休みの午後、「袋いっぱいのポテトチップスがいつなくなったのか、映画の内容よりミステリー！」と思ったことも少なからずあります。このような状態を「自動操縦モード」と言います。「ながら○○」のことです。自分がどのくらいの量のポテトチップスを口に入れているのか、気がついていないことになります。

自動操縦モードのいいところ

＊全意識を集中させなくても何かができるというのは、とても楽で便利。例えば車の運転で、マニュアル車ではギアを替えるたびに集中しないといけないが、オート（自動操縦モード）だと、そんな緊張と集中が必要なくなる。

自動操縦モードの難点

＊物事の詳細、喜び、新鮮さを見逃してしまう。

＊考えなくても行動できることに慣れてしまうので、考え方、反応の仕方が単調になってしまう。

＊脳がデフォルトモードネットワーク（雑念や思考が止まらなくなってしまう状態）に陥って、注意しないと心がさまよってしまう状態に。この状態は、「過去の後悔」や「未来への不安」など、しばしばネガティブな考えへとつながっていく。

　「自動操縦モード」について触れたのは、食べることは無意識的な行動になりやすいからです。それは、肥満や消化器官の問題、2型糖尿病など深刻な

健康問題につながりかねません。そして、「マインドフルネスに食べる」ことを取り入れた食事療法は、よりよい消化を促し、健康の向上につながるとされています。精神科医で、マインドフルネス流に食べることの専門家であるスーザン・アルバーズ教授によると、食べすぎの減少、肥満の解消、摂食障害の症状緩和などの効果があるそうです。

　保護者から「食べるのが早い」「食べ方がよくない」「食べてほしいものを食べない」「食卓で怒鳴り合いがある」「食べすぎ」など、子どもの食事に関する相談を受けることがあります。とりわけ感覚過敏（もしくは感覚鈍麻やこだわりの強さ）を持つ子どもには、マインドフルネスの練習が役立つことと思います（食とマインドフルネスに関連しては、84ページの「コラム　マインドフルネスの感想」もご参照ください）。

食べることを感謝の心へつなげる

　給食の時間、食べ物の形を観察し、舌触りを意識して噛んでいくと、どのように味が変わるのかを考えている子どもたちは、ほぼいないでしょう。多くの子どもたちは「気づいたら食べ終わっている自動操縦モード」なのではないでしょうか。

　一方、多くの先生方は5分以内で、飲み込むようにお昼を食べていることでしょう（私自身も以前はそうでした）。子どもたちには、食べ物への感謝、給食を準備してくれた人たちへの感謝を示すように伝えていても、先生ご自身は食事中も連絡帳の返事を書くことや小テストの丸つけ、放課後の保護者面談のことが頭にあるのではないでしょうか。

　そこで、給食の時間に「アクティビティ14　心で感じて食べるマインドフルネス」（55ページ）を試してみませんか。子どもたちよりも先生方に効果が出るかもしれません。

＊

　感謝する心を集めると、偏見のない心へつながります。痛み、苦しい気持ちや不安は、ダメなものではなく、そのような感情を感じられる心へ感謝する機会となります。

　マインドフルネスを練習していく中で、起きている出来事を客観的にとらえ、うれしい気持ちも悲しい気持ちも、すべて大事な感情であると位置づけていきましょう。いつだって、どんな自分だって、その存在は感謝するに値するものなのです。

アクティビティ13
ありがとうビーム

　「ありがとうビーム」は、子どもがさまざまなものに対して感謝の気持ちを見出せるようにするのを目的としたアクティビティです。家庭でもできますし、何かの列に並んでいるときや旅行中にやるのもよいでしょう。睡眠前にこのエクササイズをすると心が穏やかになるという子どももいます。

導入：「ありがとう」という言葉は、どんなときに使いますか？　“謝意を表す”というのはどういう意味かわかりますか？　とてもすてきな気持ちになって、思わず「ありがとう」と言いたくなるような“感謝する”という意味に似ています。その感謝の心を繰り返すことで、もっと幸せな気持ちになれるということを知っていますか？

　まずは、ゆっくりできる時間をとりましょう。心と体の準備運動として、「風船の呼吸」（「アクティビィ1」22ページ参照）をやってみましょう。

展開：

①あなたのまわりの空間をゆっくり見回してみましょう。今いるのは教室だったり、あなたの部屋だったり、あるいは移動中かもしれません。あなたがどこにいたとしても、感謝する目を通してあなたのまわりを見回してみてください。

②見回してみて、あなたが今感謝の気持ちを見つけられるもの１つ１つに、「ありがとうビーム」を送りましょう。「ありがとう」と声に出してもいいし、心の中でつぶやいてもいいです。

　もし今いるのがあなたの部屋だとしたら、ベッドだったり本だったり服だったり、いろんなものに気づくでしょう。もしあなたがいるのがキッチンだとしたら、あなたが気づくのは食べ物や飲み物、コップやスプーンなどかもしれません。

ふりかえり：友達と、教室の中や部屋の何に「ありがとうビーム」を送ったか、話し合ってみましょう。

アクティビティ14

心で感じて食べるマインドフルネス

　皆さんは、ゆっくりと食事を楽しむことができていますか？　忙しかったり、ストレスがたまっていたりすると、食事を心から楽しむことが難しいかもしれません。でも、私たちはマインドフルネスを通じて、忙しい中でも"今この瞬間"に意識を向ける時間をつくることができます。

　このアクティビティを練習することで、食べ物の味や楽しみ方、食べ物との関係を変えることができます。五感をフルに使って、目の前にある食べ物に細心の注意を払うことで、食べることがいかに楽しいかを再発見できるのです。そして、それは自然と、「感謝すること」につながっていきます。

　また、ゆっくり食べることが体によいことは、科学的にも証明されています。意識して食べ物を見たり匂いを嗅いだりすると、唾液が自然と分泌され、意識しないで食べるときよりも、消化のプロセスで体への負担が軽減されます。

　五感を使って食べることは、精神的にだけでなく、肉体的にも非常にうれしい効果をもたらすのです。

　指導のタイミングとしては、給食（昼食）やおやつ（学童保育など）で、一口目を食べるときがいいでしょう。また、体・感覚・食べ物について学ぶとき、子どもたちやあなた自身が急いで食事をしているのに気づいたときもチャンスです。

導入：いつもとは違う食べ方をすることで、どのような違いがあるか、学んでみましょう。

＊少し丁寧に導入する場合は、「食べ物を見たり匂いを嗅いだりすると、口の中に唾液が分泌され、胃の中でも消化の準備が始まり、食べ物を分解する手助けとなります。ゆっくり味わって食べることは、食事を楽しくするなど気持ちの面だけでなく、消化がよくなるなど体の面でも役立つのです」などと体の面での効果も伝えます。

展開：

①これから、五感（視覚、聴覚、触覚、嗅覚、味覚）をフルに使って食べていきますよ。

　これから食べようと思っている食べ物を、一口分、手の上に載せましょう。

＊野菜や果物など、健康的なおやつを選びます。

②手の上に食べ物を載せて、どのように感じますか？　触り心地や重さはどうでしょう？

③どのように見えますか？　何色ですか？　大きさは？

④どんな匂いがしますか？　鼻を近づけて匂いを嗅いでみましょう。

⑤唾液が出てきましたか？　あなたはそれを食べたくてワクワクしていますか？

⑥食べ物を口に入れましょう。まだ噛まずに、口の中に入れた感触を確かめます。口の中では何が起きていますか？　唾液が出てきましたか？　今どんな気持ちですか？

⑦噛んでみたくなりましたか？　では、ゆっくりと噛み始めましょう。

⑧どんな音が聞こえますか？　意識して噛み続けましょう。

⑨どんな味がしますか？

⑩口の中で食べ物が動く様子をどう感じますか？

⑪五感を意識しないで食べたときと比べて、どんな感じでしたか？

ふりかえり：グループになり、やってみての感想を言い合ってみましょう。

アクティビティ15

レーズンエクササイズ

「レーズンエクササイズ」は、心で感じて食べるマインドフルネスの中でも有名なアクティビティです。レーズン2個を丁寧に味わっていきます。30分程度の時間が確保できたり、子どもたちの年齢が高い場合におすすめです。もちろん、大人の皆さんにも！

導入：今日はレーズン2個を、丁寧に丁寧に食べていきます。食物アレルギーがあったり、どうしてもレーズンを食べられない人は、レーズンを観察するだけでもいいです。

展開：

「まだ食べないでください」と指示しながら、各自に2個ずつ、レーズンを渡します。衛生面に考慮して、紙皿に出したレーズンを本人に2個ずつ取ってもらうようにします（枝に付いたままのレーズンにすると、特別感が出ます）。

①初めてレーズンを見た科学者のように、レーズンの調査を始めてください。見たり、感じたり、匂いを嗅いだりします。丁寧な調査で、どんなことを発見しましたか？

②次に、レーズンの声を聞いてみましょう。レーズンを耳の横で、指でつぶします。

③いよいよ口に入れますが、とてもゆ〜っくり食べます。たった1つのレーズンを食べ終わるのに、1分以上かけます。まず、舌の上に載せてください。まだ噛まずに、口を閉じて、口の中でレーズンがどのように感じられるか、意識を集中してください。

④次に、噛むごとにどのように変化するかに注目しながら、ゆっくり噛み始めます。ゆ〜っくりと噛み続けて、溶けてきたら飲み込みましょう。飲み込むタイミングは自分で判断し、レーズンを体のどこまで感じることができるかに注意してみましょう。

⑤2個目のレーズンをじっくり食べます。きっと体験が少し違うことに気づくはず。

⑥それでは、そのレーズンが皆さんの口に届くまで、どんな人がかかわってきたかを考えてみましょう。

まず、そのレーズンは、お店に行って私が買ってきました。／お店の人が、レーズンを棚に置いてくれました。／お店までは、トラックの運転手が運んでくれました。／食品工場の人が、ぶどうを乾燥機にかけ、パッケージに入れてくれました。／農家の人が、選別し、出荷してくれました。／農家の人が植えたぶどうの木に、太陽が光を注ぎ、雲が雨を降らしました。

ふりかえり：1個目と2個目との体験の違いなど、感想をシェア。2個目のレーズンを飲み込むとき、「ありがとう」という感謝の気持ちが湧き上がってくるかもしれません。

アクティビティ16
思いやりのメディテーション

　このアクティビティは、自分や他者への感謝の気持ちを育て、優しさを持ったかかわりへとつなげるねらいがあります。いじめやケンカなど対人関係の問題が生じた後や、思いやりの心を育みたいときなど、いつでも行うことができます。

導入：今回のアクティビティは、恥ずかしさを感じたり、自分や登場人物に対する気持ちがわき起こってくるので、難しいと感じる人も多いかもしれません。まずは、自分に言葉を送る最初のところを繰り返すことから入っていきましょう。

展開：

①マインドフルネスに椅子に座ります（「アクティビティ０」20ページ参照）。

②目を閉じられる人は目を閉じて、意識を自分の内側に向けます。自分自身を感じながら、温かさと思いやりの気持ちを自分に送ってください。そして自分に、次のように言い聞かせます。

　　「私が元気で、健康で、強くなりますように」

　　「幸せでありますように」

　　「安らかな気持ちになりますように」

　　（＊何度か繰り返す）

③次に、**「あなたが好きで尊敬している人」**を思い浮かべてください（ペットでもいいですよ）。そして、その人にも、温かさと思いやりの気持ちを送りましょう。

　　「元気でありますように」

　　「幸せになりますように」

　　「安らかな気持ちになりますように」

　　（＊何度か繰り返す）

④次に、**「あなたがよく知らない誰か」**を思い浮かべてください。あなたが通りで見かけた人、バスの中で見た人、または廊下を通りかかった人かもしれません。その人にも、温かさと思いやりの気持ちを送ってください。

　　「元気でありますように」

　　「幸せになりますように」

　　「安らかな気持ちになりますように」

　　（＊何度か繰り返す）

（以下、⑤〜⑦は、オプションとして、子どもたちの状況に応じて実施するかどうかを判断してください。）

⑤次に、「**あなたが今日（または今週）イライラしたり、嫌な感情を持った人**」を思い浮かべてください。そして、その人にも、温かさと思いやりの気持ちを送りましょう。
　「元気でありますように」
　「幸せになりますように」
　「安らかな気持ちになりますように」
　（＊何度か繰り返す）

⑥今度は、「**過去にあなたのことを傷つけた人**」を思い浮かべてください。そして、その人にも、温かさと思いやりの気持ちを送りましょう。
　「元気でありますように」
　「幸せになりますように」
　「安らかな気持ちになりますように」
　（＊何度か繰り返す）

⑦「**あなたのまわりのすべての人**」に、温かさと愛を注ぎましょう。あなたの学校やあなたが住む町、国、大陸、そして地球のすべての人に愛情を送ってください。
　「元気でありますように」
　「幸せになりますように」
　「安らかな気持ちになりますように」
　（＊何度か繰り返す）

⑧意識をあなた自身に戻していきます。もう一度、自分自身に焦点を合わせましょう。愛情であふれた優しい感覚が、あなたの存在全体を満たしているのを感じましょう。その感覚を抱えながら、穏やかに息を吸って、息を吐くことを繰り返します。それでは、座っている自分に気づき、目を閉じている人はゆっくりと目を開けましょう。

ふりかえり：グループになり、やってみての感想を言い合ってみましょう。

　⑤と⑥のオプションは、多くの子どもにとっては、少しハードルが高いと感じるかもしれません。しかし、自分自身を傷つけた人々に愛情を送ることは、自身の癒しにつながります。愛情を送ることは、どんな人や行動も容認するという意味ではなく、どんな人や行動であっても、思いやりに値するとみなすことを意味します。
　まず、①で自分自身に愛情深い優しい気持ちを送れるようになることから始め、繰り返し練習を重ねて子どもたちの心の準備ができたと感じられたら、オプションの部分を含めて全行程を実施するようにします。

第6章

遊ぶことと
マインドフルネス

セルフケアは自分の「好き」を味わうこと

　皆さんは子どもの頃、どんな遊びが好きでしたか？　今の子どもたちにとっての「遊ぶこと」は、ゲームや動画を見ることが主になり、外遊びの機会が減っています。放課後は、自由に遊ぶ時間から、塾や習いごとの時間となっています。目で見てわかる「変化」＝「成長」を追い求める時代だからでしょうか。好きな遊びに熱中することで知識を深めたり、心身を発達させたりする時間が、子どもたちに足りなそうに見えます。

　また、子どもたちに「なぜこの遊びが好きか」と尋ねても答えてくれないかもしれません。「好き」には理由がなかったりしますが、「何が好きか」に、その子らしさがにじみ出ます。マインドフルネスのアクティビティも、子どもたちが気に入って楽しく遊べるように、やり方を自由に変えていいと思います。セルフケアの基本は「自分の『好き』を味わうこと」なのですから。

「好き」や「安心」の感覚が希薄な子

　今、皆さんはゆっくり休めていますか？　現実は、休日も出かけたり、掃除をしたり、本当の意味でなかなか「休むこと」ができていないかもしれません。子どもたちは、どうでしょうか？

　なかには、安心して遊んだり、休んだりできない環境で育った子どもも

ます。そのような子は「好き」や「安心」の感覚を味わう感情のセンサーが
とても少なく、拒否する態度や乱暴な言動が目立つことがあります。すると、
大人も裏切られた気持ちやさみしい気持ちが心の中にわき起こります。それ
は多くの場合、子どもたちの心の中にある感情を、隣にいた大人が感じ取っ
ているのです。

　そのような子どもたちは、マインドフルネスへのモチベーションが低かっ
たり、拒否・抵抗が大きい場合があります。そんなときは、「好き」や「安心」
が見つけられなかったら、「嫌い」「怖い」から話題を始めてもよいかもしれ
ません。「わからない」「どうでもいい」と言う場合には、「寒い日は、ココア
と肉まんでは、どっちが好き？」とか「暑い日は、ソフトクリームとかき氷
ではどっちが好き？」のように、イメージしやすい言葉の表現を心がけます。
もちろん、できるだけ安心を与えるような会話のトーンで伝えます。そのよ
うなかかわりを通して、マインドフルネスと向き合う心の準備をしていくの
です。

　結果的に一緒にアクティビティをしなくても、目の前の大人が真摯にマイ
ンドフルネスに取り組み、感謝の心を示すのを見ることが、その子の心に「好
き」や「安心」の感情を育てるきっかけになることがあるでしょう。だから
こそ、大人である先生や親たちが、マインドフルネスの練習に取り組む必要
があるのです。子どもたちは実によく大人を見て、分析しています。取り組
みに嘘があれば、それを見抜くことでしょう。アクティビティをやっている
最中にミスをしても、不器用な感じになっても、そんなことは関係ありませ
ん。大人の「一緒に」「真剣に」という態度への努力こそが、子どもにとって
「好き」や「安心」に触れる機会となるのです。

根っこを傷つけないように、土を耕す

　就学前の子どもたちが遊ぶ様子を見る機会がときどきあります。少し気に
なるのは、お人形遊びをしている場面。思いきり異空間の世界へ行ってプリ
ンセスになるようなごっこ遊びよりも、日常生活でのやりとりを繰り返すご
っこ遊びをしている子どもたちが多いように思います。

　子どもたちが見る世界が、より現実に近いものになっているように感じま
す。リアルなおもちゃ、リアルな体験、大人の仕事を体験すること……。ご
っこ遊びでプリンセスになるより、テーマパークで着飾って写真を撮っても
らうことのほうが豊かな体験のようにとらえる人もいるでしょうが、はたし
てそうでしょうか。

　ごっこ遊びで行ける夢見る世界は、行こうと思ったらいつでも行けるとこ

ろです。電車に乗らなくても、ドレスを着なくても、高価なプレゼントがなくても、行けるところです。小さい頃は空想の世界で遊び、さまざまな夢を持っていてもいいように思います。かなうはずがないこと、現実世界では起こることもないことを想像し、創造性を豊かに広げてほしいものです。

すてきな洋服、たくさんのおもちゃ、人気のゲームを持つことは、子どもたちの中でもステイタスとなります。でも、幼稚園・保育園の年中・年長の頃から、すでに人間の優劣を推し量り、誰かに認められたい子どもが増えているのが気になります。

私たち大人は、子どもたちに遊びや物を提供するとき、「子どもたちの何を満たしているのか」という視点を忘れずにいたいものです。子どもたちが豊かに育つために、子どもたちの成長の源である根っこを傷つけないように、土を耕すというイメージです。

五感を使って遊ぶ——ただここに在るだけ

五感をフルに使って遊ぶのは楽しいものです。

例えば、「アクティビティ18　音集めメディテーション」(66ページ)を習慣にすると、日々聞こえてくる音を聞くことが遊びとなります。聞こえてくる音に意識を向けていただけなのに、何か内側からの変化を感じるのです。

こうしたアクティビティの練習を数か月積み重ねていくと、ある日、「自分に触れる」体験をすることでしょう。「自分で意識を持って、目的を持って手足を動かしているんだ」「歩み出す瞬間を選んでいるのは自分なのだ」と強烈に意識するような経験です。すべてのことに意味があると感じられ、自分のすべてがいとしくなり、自己肯定感が高まります。

子どもたちは生きてきた時間が短いこともあり、どうしても経験した事柄が少なくなります。そして、スマホなどから入ってくる情報には偏りがあるために、自分という存在を時代・文化・学校・成績などで説明しようとします。しかし、本来の「自分」というものは、もっと内側に、奥底に眠っているものなのです。そのような「自分」という存在に触れる体験や、「自分」とどのように向き合ったらよいかを学ぶ機会は、どうしても少なくなりがちです。毎日数分でもいいので、五感を使って遊ぶ練習を日常生活に取り入れ、「ただここに在るだけ」の自分に触れていく。そうすることで、日頃の「どうしよう?」が減り、豊かな人生を楽しく過ごす基礎づくりに役立ててもらえるよう願っています。

マインドフルネスとクリエイティビティ ◢◢◢◣

　例えば、呼吸に意識を向けてマインドフルネスの練習をしているときに、途中でさっき拾った物のことを思い出したり、この後の予定のことが気になったりして、頭の中で考えを止められない状態になっているのに気づくことがあります。

　マインドフルネスが身につき、うまく使えるようになってくると、そのような状態から脱し、注目する力（集中力）を高めることができますし、それに伴い、記憶力も高まります。集中力と記憶力の２つを一緒に使うことによって、クリエイティブなアイディアを生み出しやすくなります。さらに、扁桃体の活性化が抑えられますので不安も減少するのです。

　このように、集中力と記憶力が高まり、安心感に満ちている状態は、クリエイティブなアイディアが浮かぶ状態です。子どもにとっては学習が進む状態となるでしょう。遊びの中にマインドフルネスのアクティビティを組み込み、よい波に合わせてサーフィンをするような状態になれるといいですね。

マインドフルネスで豊かに遊ぶ子どもたち ◢◢◢◣

　ところで私は、マインドフルネスを必要とするのは大人だけだろうと思っていた時期がありました。やり方も難しく、子どもには理解できないのではないかと考えていたのです。そんなふうに誤解していたのは、私の見えていた世界が狭かったからです。

　ＡＤＨＤのある子とかかわっていたときのことです。真正面に座って、マインドフルネスの練習を一緒にやろうとするのですが、ぜんぜんやってくれません。やはり難しいのかな…と感じていたのですが、その子をよく見ていると、廊下の片隅でマインドフルネスの練習をしているのです！　そして、道具箱の中に呼吸法を解説したイラストを大切に持っていてくれました。

　その後、私は積極的に子どもたちとマインドフルネスに取り組むようになりました。そうすると、子どもにとってのマインドフルネスは、私が想像していた以上に豊かで、「何次元にも広がる世界！」と感じました。まさに豊かに遊んでいる感じです。時間や場所を選ばずに、"今この瞬間"をしっかり味わう子どもたちの様子に、私たち大人は子どもたちから学ぶ姿勢が必要だと思いました。

　この章で紹介するマインドフルネスのアクティビティを、子どもたちと一緒に楽しんで実施してみましょう。

アクティビティ17
ポップコーンパーティー

　このアクティビティは、学級全体でも、数名の班活動でも使える楽しいものです。数分あればできて、繰り返し実施できるので、時間の調整がしやすいアクティビティです。総合の時間や学期末のお楽しみ会、家庭で親子でやるのもおすすめです。

　感謝の心を育てることにも役立ちますし、このアクティビティの後に実施する活動に、子どもたちが前向きな気持ちで参加できるようになります。

導入：皆さんは、毎日の生活の中で感謝している人や物がありますか？　家族や学校の誰かに感謝しているかもしれませんし、本やおもちゃなど物に感謝しているかもしれませんね。あるいは、太陽や雨など自然現象や、食べ物や水などに感謝しているかもしれません。

　"感謝している"とは、思わず「ありがとう」と言いたくなるような気持ちです。その感謝の気持ちを繰り返し噛みしめると、どんどん幸せな気持ちになれるんですよ。

　今日は感謝の気持ちを、ポップコーンになって表現する遊びをしてみます。題して「ポップコーンパーティー」です！

　ところで、皆さんは、ポップコーンのつくり方を知っていますか？　油をひいたフライパンに、乾燥したトウモロコシの粒を入れて火にかけます。そうすると、パン！パン！ポップ！ポップ！と、トウモロコシがはじけるのです。フライパンから跳び出さないようにフタをしたりします。

　それでは、みんなでポップコーンをつくるパーティーを始めましょう。

展開：

①自分自身が今フライパンの上で温まりだした、小さなトウモロコシの粒だと想像してみましょう。小さく丸くなってその場でしゃがみ込み、小さなトウモロコシの粒のようになってみましょう。

②あなたが毎日の生活の中で感謝しているものは何ですか？　少し時間をとりますので考えてみてください（ちょっとシンキングタイムをとる）。

③これからフライパンの温度がどんどん上がり、一人ずつポップコーンになっていきます。「ポップ」と言って跳び上がり、あなたが感謝しているものを声に出して言っていきます。

④さぁ、やってみましょう！（順番に行い、すべての子どもが終わるのを待つ。）

⑤全部の粒が弾けたので、また新しいトウモロコシの粒になって、もっとポップコーンをつくりましょう。しゃがんで小さな粒になって、さっきとは別の感謝できるものを考えてください。

（以下、繰り返して行う）

ふりかえり：班や学級で感想を話し合ってみましょう。

＊どんな感想であったとしても、「子どもたちが自分の経験に気づけたとことが大切」と受け止めます。自身の経験に気づけたことがマインドフルネスなのです。

アクティビティ18
音集めメディテーション

　先生の指示や注意を、集中力を持続して聞き取ることが不得手な子どもがいます。それは、音だけに集中する練習が足りていないからです。そのような子も、遊びの要素のあるアクティビティで音に集中していく中で、おしゃべりをやめて注意が向き、聞く力が育っていきます。

　子どもたちの気が散っているときや、クラスが騒がしいときには、マインドフルネスに座る（「アクティビティ０」20ページ参照）ことや別の呼吸法で外に向いた注意を引き戻した後に、このアクティビティに取り組んでみましょう。

導入：教室にいると、隣の教室や遠くの校庭からのいろんな音が気になることがあります。集中力を高めるために、音に集中する練習をすると、うるさいと感じる感覚が変わったり、音があっても気持ちがイライラしなくなったりすることがあるようです。みんなで練習してみましょう。

展開：

①深呼吸をして、心と体の準備を整えます。目を閉じても構いません。

②最初に、校舎の外から聞こえてくる、あなたから最も遠い音に耳を傾けます。車の音が聞こえてくるかもしれませんし、鳥の鳴き声が聞こえてくるかもしれませんね。魚や蝶をとる網をイメージし、その網で遠くの音を集めてみましょう。

③次は、教室の外、廊下や校舎内で聞こえる音に耳を澄ましてみましょう。誰かが歩いている音かもしれませんし、隣のクラスの音かもしれませんね。

④それでは、より近くの音を聞いてみましょう。教室内ではどんな音が聞こえますか？　あなたのすぐ近くではどんな音が聞こえますか？

⑤最後に、自分の体の中の音も聞いてみましょう。自分の体の中から聞こえてくる音を網でつかまえてみましょう。

⑥深呼吸をして、目を閉じている人は、ゆっくりと目を開けましょう。

ふりかえり： どのような音が聞こえたか、どの音が一番よく聞こえたか、自分の体の中の音が聞こえたかなど、友達と意見交換してみましょう。どのような気づきであっても構いません。

　音を聞いてみる練習は、集中力を高めることができますし、何度か行うと感想も変わってくるかもしれません。自宅で勉強する前に集中できないときなどにやってみるのもいいと思いますよ。

アドバイス： 慣れるまでは、ステップの最後まで終わらせる必要はありません。子どもたちの様子を観察し、心地よく感じている様子であれば、⑤の自分の体の中まで取り組みます。また、窓を閉めている状態では、校舎の外の音は聞こえないかもしれないので、環境に合わせて実施していきます。

ヨロコビの呼吸法

　遊びの要素がたっぷり入った呼吸法です。学校行事の前に一体感をつくり出したいときや、クラス全体のエネルギーが低いと感じたとき、落ち込んだ気分を上げて明るくしたいときなどにおすすめです。外遊びができず、エネルギーが有り余っているときもやってみましょう。

導入①：今日はいよいよ体育大会ですね。皆さん、ちょっと緊張している感じかな。この呼吸法は、そんな緊張を発散し、和らげる動きです。恥ずかしがらずにやってみましょう。

導入②：今日は雨で外遊びもできませんね。体の中にパワーがたまってしまっている感じでしょうか。そんなときは、そのパワーを外側に発散するといいですよ。「ヨロコビの呼吸法」は、気持ちが明るくなるアクティビティです。呼吸しながら動くので、体の疲れが取れたりもしますよ。

展開：

①まっすぐ楽な姿勢で立ち、指揮者になりきったみたいに、両手を振って身体を揺すっていきます。

②３回に分けて息を吸っていきます。まず、両腕を体の横に少し開きながら、素早く３分の１の息を吸います。

③次に、両腕を肩の高さまで上げながら、さらに３分の１の息を素早く吸い込みます。

④最後の残り３分の１を吸い込みながら、両腕を空に向かって上げます。

⑤そして、「は～！」と息を吐き出しながら、両腕を前に振り下ろします。腕を振り下ろすときは、両腕の力を抜いて「バサッ」と落とします。

＊両腕を振り下ろすときに、膝を抱え込むようにしてしゃがみ、頭を下げる動きにするのもおすすめです。また、ゆっくり両腕を振り下ろすなど、スピードを自由に変えてみてください。

⑥これを１～５回繰り返します。

⑦呼吸を終えたら、自分が今どう感じているのか観察してみましょう。

ふりかえり：やってみて、身体や気持ちが今どんな感じか、まわりの人と意見交換をしましょう。

Column

マインドフルネスを実施するための環境設定

　特に公立の学校などでは、子どもたちが自分で選んでその場所にいるわけではありません。多様な背景や育ちの子ども集団に、マインドフルネスのアクティビティを実施する際に配慮すべき観点を見ていきましょう。

　まず、教室の空間も、教師の存在も、環境の一部であることを十分に自覚します。そして、以下の点に配慮してきます。

１　子どもたちにとってのマインドフルネスの有益性を伝え、日常生活でマインドフルネスをどのように活用できるのかを明確にする手助けをする。
２　子どもたちの自己認識と自己調整の能力を高めるための基本的で具体的な指示とサポートを提供する。
３　公式な練習（一定の期間・時間を設ける）を通じて、マインドフルネスを"直接"体験する時間を提供する。
４　子どもたち同士が自分の内面を共有し、探求するのに十分な心理的な安全基地として教室の環境を守る。

　また、子どもたちの心への副反応を予測する必要があります（特にトラウマ的な体験を持つ子どもには配慮が必要です）。トラウマは、時に「多すぎる・早すぎる」感情的・身体的な反応をもたらします。つまり、私たちが指導を止める前に、子どもたちは瞬間的に、感情的・身体的な反応をすでに体験してしまうのです。

　ストレスを受けたり、脅されたり、不安になったり、怒ったりすると、より高度な意思決定が行われる脳の部分へのアクセスが損なわれます。第３章の「ストレス状況に直面したとき、頭の中で起こっていること」（28ページ）を参照してください。

　なお、学校でマインドフルネスを授業として採用する場合には、指導案に落とし込む必要性があります。アクティビティの「導入・展開・ふりかえり」を参考にしてください。また、アクティビティの冒頭の解説文の内容が「本時の目標」を考える際の参考になると思います。

第7章

自分の「心の天気」に気づく

「共感する心」を育てるために、自分の「心の天気」に気づく

　教室で子どもたちの表情を見ると、「今日の心の天気は、どんな天気かな？」と心配になったり、励ましてあげたくなったり、どう信頼関係を築いていったらいいかなと思うこともあるでしょう。そんなとき、「同じものを見てすてきだなと言い合える関係」を目指すのはどうでしょうか。

　きれいな花を見てすてきだねとか、給食を食べて美味しいねとか、そういうありふれたものに「共感する心」です。共感する心とは、相手に寄り添う心であり、集団生活においてとても重要なものです。ただし、ただ一斉に同じことを同じように行うことは "共感" ではなく、"強制" です。見方によっては、きれいに並んだ列や、一斉にきれいに動くことも1つの作品になるでしょう。しかし、それを行うことで、子どもたちにとっては何を満たすことになるのかを考える必要があります。

　チャイム着席をしたり、机と椅子をきれいに並べたり、みんなで一斉に動くのは、ごくありふれた学校文化です。でも、それらに対して否定的な意見も最近耳にするようになりました。たしかに、「みんな同じ」を重要視することで、子どもたちが自分で考える機会を奪ってきたかもしれません。

　校則や制服を変えることを、生徒主体で考えている学校も出てきました。決められた制服があると、朝、身支度する際に、今日は何を着ていくかという服装を選択する時間がいりません。そういうことが面倒な生徒には好都合

かもしれませんが、制服の素材が肌質に合わないタイプの生徒やＬＧＢＴＱの生徒をはじめ決められた服装に抵抗がある場合は、心の中で感じる矛盾を周囲に理解してもらい、対処方法を自分で選択することで自分を認めてもらった体験になります。

　みんなで考えていくときに、「私は○○だから○○したい！」と主張するだけでなく、「私は○○が好き、あなたは？」という共感がベースとなった対話がセットになることで、コミュニケーションが豊かになります。そして「共感する心」を育てるためには、自分の「心の天気」に気づき、自分を知っていくことが必須です（27ページのコラム「アクティビティの導入（チェックイン）の工夫」も参照）。

　マインドフルネスのアクティビティでは、「自分の五感を使って味わったことを、集団で分かち合う」ものがたくさんあります。自分の"心の天気"に気づき、共感しあえる瞬間は、本当にすてきな瞬間です。

マインドフルネスは「反応」を「対応」に変化させる

　「気づき」というものは、そばで見ていても変化としてとらえることが難しいものです。しかし、大人の側・私たちがマインドフルネスの練習をしながら長い時間をかけて見ていくと、その変化が見えてきます。その変化の１つが、出来事に「反応」していた子どもが「対応」する様子に変わることです。子どもたちの心が穏やかになっていくのです。

　「反応」とは、出来事に衝動的、瞬間的に自動的に行動することです。足の上に物を落として痛いときに、ギャーと叫んでその足の上に落ちた物を誰かに投げつける。これは「反応」です。一方、「対応」とは、足の上に落ちた物を拾って、ゆっくり座り、足の痛みが少しずつ変化するのを待ったり、痛みに対処することを探したりすることです。

　多くの場合、「反応」はいつも同じパターンになりがちです。そのパターンに気づくためには、穏やかさを保った状態で自分のイライラ・ムカムカを見つめたり、「反応」と「対応」の違いを話し合ったりすることが重要です。

　「反応」は、時折、誤った方向の道のりを歩むことになります。悪口が止められなかったり、危険な行動をしたり、反社会的な行動や自傷行為もそれに含まれるかもしれません。

　「対応」というのは、今、自分がどこに立っていて、どちらの道を曲がると安全な道を歩けるかと考え、行動することです。車の運転にたとえると、高速道路から一般道路へ変わるときにスピードを調整したり、どの車の後ろに入るか考えたり、どこで曲がるか安全確認をしっかりすることに似ています。

事故を起こさないように自分の車の位置だけではなく、まわりの様子をしっかりと見ることになります。

　自分の「心の天気」に気づき、「反応」ではなく「対応」が少しずつ増えていけるように、マインドフルネスの練習を重ねて、習慣化することを目指していきましょう。「アクティビティ21　マインドフルネスジャー」（76ページ）がおすすめです。

日常生活の行動の中でマインドフルネスの練習を

　あらたまってマインドフルネスを実施する時間がとれないときでも、日常生活の行動を使って、マインドフルネスの練習をすることができます。自動操縦モードで行っている日常の行動を、一瞬一瞬に意識を向けて行ってみるのです。まず先生が、「アクティビティ23　手洗いメディテーション」（80ページ）や「アクティビティ24　朝の身支度マインドフルネス」（81ページ）をやってみてください。例えば手を洗うとき、意識を「その瞬間」に向けるだけで「楽しい時間」になります。朝起きて歯磨きをしたり身支度をするという、いつもの行動に意識を向けて、それが習慣化すると、朝の時間が楽しみになり、新しい一日を迎える準備が自然とできるのです。

　これらのアクティビティは、学校でやるだけより、家庭も巻き込んで実施できると効果が上がります。保護者も一緒に取り組んでもらうことで、保護者の中にもマインドフルネスの理解者が増えていくかもしれません。

天気予報も100%は当たらない

　天気に関連して少々脱線しますが、天気予報が当たる確率は、なかなか100%は達成できないようです。たくさんの研究やデータが集まったとしても、「答えがない問い」や「先が見通せないこと」というのは、世の中にいくらでもあります。そのような不確実で不確定な日常を生きていくときに、"今この瞬間"に意識を向けて、透き通った目で物事や状況をありのままに眺める練習は、きっと役に立つと考えています。そして、大人よりも子どものほうがマインドフルネスの体験の豊かさを感じやすく、新鮮な目で見ることも多いのです。

　子どもたちにそのような体験を提供するためには、①教室の中に「空白地帯」をつくること、②教師が「待つ」こと、が重要となってきます。

　ゆっくり味わう行動をするのに、以下に紹介する10のステップがヒントになると思います。取り組めそうなものから始めてみませんか。

ゆっくり味わう行動ができるための10のステップ

（Bryant & Veroff, 2006を参考に）

①ポジティブな感情を自分以外の人とも共有する。

②自分の心の状態を、写真で撮るように客観的に見る。

③自分自身をほめる。

④知覚された感覚を研ぎ澄ます。

⑤屋外に出て、感じている感覚を思いきり表現する。

⑥悪い状況については、さらに悪い状況と比べ、今の状況をとらえ直す。

⑦その瞬間に没頭するように、"今この瞬間"を生きる！

⑧人生において祝福できることを数えながら、感謝する。

⑨喜びの感情を素直に喜ぶ（喜びを邪魔する思考を避け、喜びの感情に気づく）。

⑩時の流れの速さを映画のワンシーンを思い出すようにとらえる。

どの天気もすてきな天気！
自然のおもしろさ！

空の瞑想

　このアクティビティは、思考の流れを雲や天気にたとえて楽しむ瞑想です。頭の中にある自分の考えに気づくことができます。

> "考え雲"は、
> 意識を向けすぎないと自然に流れていき、
> 青い空が戻ってきます。
> どんなに暗い雲があっても、
> その先には必ず青い空が広がっている、
> ということを覚えておいてください。

導入Ⅰ：あなたの友達二人が、あなたのほうを向いて何かささやき合っているところを想像してみてください。どんな気持ちがしますか？　どんな考えが浮かんできますか？

　「私、何か間違ったことした？」「私のこと嫌いなのかな？」と思ったり、「もう友達でいるのやめる！」と怒りがこみ上げてくる人もいるかもしれません。でも、もしかしたらその二人は、たまたまあなたのほうを向いて、あなたとはまったく関係のないことを話していたのかもしれません。

　頭の中に浮かんできた考えをそのまま信じると、イヤな気持ちになってしまうことがあります。そんなふうに考えないためには、日々の出来事によってあなたのどんな感情が引き出されているかを知っていることが役立ちます。このアクティビティは、あなたの頭の中にある考えや気持ちを雲や天気にたとえて、それに気づいていくものです。

展開Ⅰ：（上記QRコードから音声が聞けます）

①さあ、柔らかく目をつぶって、青空をイメージしていきましょう。

　青い空に浮かぶ白い雲は、あなたの考え。晴れとか、雨とか、風がいっぱい吹く台風とか、天気はあなたの気持ち。あなたの考えの白い雲と、あなたの気持ちの天気をよく見てみましょう。

青い空を思い浮かべると、もしかしたら朝日が昇ってくるかもしれないし、太陽がギラギラと熱く自分のほうに近づいてくるような感じかもしれません。もしくは、夕焼けかもしれないし、寒い風、冷たい風が、ほっぺたを「わあ、冷たい」とくるかもしれません。何でもいいです。どうぞイメージしてみてください。

②浮かんできたイメージを、しっかりと、よく見ていきます。

③終了の切り替えに、ベルを鳴らす。

ふりかえり：天気が毎日変わるように、雲が風で揺れて流れていくように、いつも私たちは変わっていきます。その変わっていくことがイヤだなあと思うこともあるけれど、この雲はどこまで行くのだろうと思って見ることができるといいですね。

　次は、少し年齢が上の子ども向けの導入と展開を紹介します。

導入２：スヌーピーを知っていますか？　漫画『ピーナッツ』に登場するビーグル犬です。そして、その飼い主がチャーリー・ブラウンという、ちょっとさえないかもしれませんが、愛すべき少年です。彼は独特の考え方をし、名言を生み出します。

　「あの雲すごくきれいだね。綿のかたまりみたい。ここに横になって、一日中雲の動きを見られたらなぁ」（チャーリー・ブラウン）

　このアクティビティでは、チャーリー・ブラウンになりきって、空の雲を眺めるように、頭の中で雲のように動いていく"考え雲"を眺めていきます。何か考えが浮かぶたびに、それを"考え雲"にして、空を流れる雲のように眺めるのです。

展開２：

①楽な姿勢で座りましょう。何度か深呼吸しましょう（片手をお腹に当てて意識を向けるのもいいでしょう）。床や椅子に触れている身体の部分を感じてみます。

②目を閉じて、きれいな青い空を見上げている自分を想像します。閉じた目の中で見えている空の青が、どんな青なのか注意深く見てみましょう。

③「今日のお昼はなんだろう？」とか「早く友達と遊びに行きたいなぁ」など、さまざまな考えが頭の中に浮かんでくるかもしれません。その１つ１つを雲のように想像し、青い空に浮かべます。

④"考え雲"は薄いものかもしれませんし、すぐに消えてしまうこともあるでしょう。強い雨や風を伴い、なかなか空から消えないものもあるかもしれません。それでも大丈夫。チャーリー・ブラウンのようにゆっくり座り、自然にその雲が立ち去るのを眺めてみましょう。

ふりかえり：どんなことに気づいたのか、どんなふうに感じたのかを、みんなで話してみましょう。

アクティビティ21
マインドフルネスジャー

　このアクティビティは、落ち着きのない子どもたちと一緒に、楽しく穏やかに、「待つ心」を育てることを目指すものです。感情の波に巻き込まれて「反応」しがちな子が、感情の波を少し遠くから眺める練習になります。

　また、子どもたちが自分で自由に楽しみ方を見つける力を伸ばすものでもあります。

　マインドフルネスジャーをつくってあれば、5分ほどで実施できます。

【マインドフルネスジャーのつくり方】

用意するもの：ラメのりまたはラメパウダーと液体のり（これらは百均などでも売っています）、小瓶などの入れ物、水

つくり方：小瓶などに水を入れ、ラメのり（またはラメパウダーと液体のり）を加えます。水とのりの割合は、10：1程度がいいでしょう。

＊のりの成分を入れるのは、水に粘度が加わり、ラメがゆっくり落ちるようにするためです。

＊のりの代わりにグリセリンを入れると、水の透明度が増します。

＊ラメのほかに、ビーズやスパンコールなどを入れても楽しめます。

＊さまざまな大きさの瓶でつくっても楽しいです。

　子ども数名の班活動や休み時間に遊ぶときにもできる楽しいアクティビティです。市販のスノードームを使っても実施できますが、マインドフルネスジャーを、教室や家庭で、子どもと一緒につくるのがおすすめです。つくったら、教室の棚やピースコーナーに"心を整えるグッズ"として、何個か用意しておきましょう。

　アクティビティ実施のタイミングは、心を穏やかにする必要があるときや、体を休めたいときとなります。ケンカやトラブルが増えやすい学校行事の前などに実施するのもいいと思います。何か起こる前こそ、備えておくのです。

導入：（各班にマインドフルネスジャーを1つずつ配っておく。マインドフルネスジャーを見せながら）この瓶の中にあるキラキラ（ラメ）は何でしょうか？　これは私たちのエ

76

ネルギーです。エネルギーとは、考えや気持ち、体力のことです。瓶を振ると、キラキラ（ラメ）が舞い上がりますね。各班でやってみましょう。

展開：

①キラキラ（ラメ）を動かすために瓶を振ってください。

②キラキラ（ラメ）の動きを観察できる場所に瓶を置きます。

③座って（床の上で実施する場合は、横になってもいいでしょう）、キラキラ（ラメ）が瓶の底に沈み、落ち着く様子を観察します。

④キラキラ（ラメ）を眺めている自分の気持ちの変化に注目してください。

ふりかえり：舞い上がったキラキラ（ラメ）は、考えや気持ち、体の状態を表しています。時間が経って、キラキラ（ラメ）がゆっくりと瓶の底に沈んでいき、落ち着いた状態の考えや気持ち、体の状態になります。考えや気持ちが穏やかな落ち着いた状態になるには、時間がかかるかもしれません。自分の体が休まっていくのも、時間がかかることかもしれませんね。

おまけのアクティビティ

見るマインドフルネス（砂時計）

　このアクティビティは、「マインドフルネスジャー」と同じように"見るマインドフルネス"です。砂時計の砂が落ちる様子を、集中して見続けます。砂時計の代わりにタイマーでもいいです。

　落ち着きのない子どもたちと一緒に、楽しく穏やかに、「待つ心」を育てるアクティビティとなります。「ただ見る」というだけですが、実は難しさもあります。

　手元に砂時計があれば手軽にできるので、ぜひお試しください。大人も一緒に、マインドフルネスの練習をする感じで取り組めるといいと思います。

「お悩みボックス」に悩みを入れよう

　子どもたちが自分の悩みに向き合うには、「言葉で悩みを表現する力」や「誰かを頼ってもよいと思える勇気」が必要です。ただ、なかなかその条件が整わず、相談室や保健室の利用を促すのが難しいこともあります。そのようなときは、このアクティビティを実施して、自分を見つめる方法を具体的に伝え、"時間をかける魔法"もあることを教えてみましょう。その上で、「誰かと悩みを分かち合うのもいいですよ」と提案してみてはいかがでしょうか。クラス全体の元気がないときにもおすすめのアクティビティです。

　各自が「お悩みボックス」をつくるので、15〜30分程度の時間が必要です。

用意するもの：（各自に）

・フタ付きの空き箱（またはフタ付きの瓶。箱を用意するのが難しい場合は、大きめの封筒でもOK）１個
・短冊状に切った白い紙数枚
・色画用紙１枚
・クレヨン・マーカー・色鉛筆などの筆記用具
・飾りつけのためのリボンやボンボン
・ハサミ、のり　など

導入：不安なことや心配なことがあると、誰でも夜眠れなくなったり、体調が悪くなったりすることがあります。そのことは、落ち着いたら誰かに話してみたりするのもいいでしょう。でも、すぐには人に話したり相談したりできないこともあるかもしれません。そういうときは、「お悩みボックス」をつくって整理整頓するといいですよ。

展開：

①空き箱を自由にデコレーションしましょう。リボンやボンボンを付けたり、色を塗ったり、好きな写真でコラージュしたりして飾りつけましょう。これがあなたの「お悩みボックス」になります。

②寝る前に気になっていたこと、不安なこと、心配なことを思い出してみましょう。思い出すにはあまりにもつらい気持ちが大きくて、「今日はやりたくないな」「今日はやめておこう」と思ったら先生に言ってください。無理することはよくありません。

③思い出した不安なことや心配なことを、紙にイラストや言葉で書いてみましょう。２つ以上ある人は、別の紙に書いていきます。紙は何枚使ってもいいです。色紙を使っても

いいですよ。

④気になっていたこと、不安なこと、心配なことを書いた紙を折りたたんで「お悩みボックス」に入れていきます。不安なことや心配なことがなくなるように、それらを手放すように「お悩みボックス」に入れていきましょう。そして、教室の大切なものを置く場所にしまいます。

＊大切に保管することを説明し、教室のどこに置くかを子どもたちと話し合います。場合によっては、職員室など、いたずらを防げる管理方法を検討します。

⑤七夕の願いごとを祈るように、みんなで「お悩みボックス」の中にある不安なことや心配なことが解決できるように、お願いしましょう。

　１週間後、１か月後など、確認する時期を最初に決めておきます。決めた日に、それぞれが自分の「お悩みボックス」から紙を取り出します。

⑥紙を広げ、自分に「私はまだこのことが気にかかっているかな？」と問いかけてみましょう。気持ちや考えは、時間が経つと変化することもあります。早く解決したほうがいいこともありますので、不安や心配な気持ちがたくさんのままの人は、誰かに話してみるようにしましょう。

ふりかえり：このアクティビティをやってみてどうでしたか？　私たちは、自分の感情を整理したり見つめ直すことで、物事のとらえ方が変わったり、気持ちが変化したりします。一人で解決できることもあれば、誰かに話して解決したほうがいいこともありますが、悩みをいったん箱に入れておくことで、心の中のお掃除ができるかもしれません。

アクティビティ23
手洗いメディテーション

　日常生活の行動を使って、穏やかな感覚を見つける練習は可能です。このアクティビティは、あらたまってマインドフルネスを実施する時間がとれないときでもできます。食事の前やトイレの後、くしゃみした後など、手を洗う必要があるときはいつでも実施できますので、家でやるようにすすめてもいいでしょう。右上のＱＲコードは音声データとなります。

導入：手を洗うとき、皆さんはどんなことに気をつけていますか？　水を流しっぱなしにしないこと？　石鹸をしっかり泡立てること？　このアクティビティは、丁寧に手を洗うことを味わうものです。

展開：

①それでは、手洗い場に行きましょう。手洗い場に行くまで、五感（視覚、聴覚、触覚、嗅覚、味覚）に意識を向けてみましょう。ゆっくり歩きながら、周囲に気を配り、注意深くあたりを見たり、耳を傾けてみましょう。

＊「アクティビティ8　マインドフルネスウォーク」（36ページ）を実施しているクラスでは、そのことを思い出させる声かけをします。

②「今から手をきれいにします」と自分自身に言い聞かせるようにつぶやきます。

③水を流します。水の音に耳を傾けながら手を濡らします。

④手で石鹸を握っていることに意識を向けます。それでは、手で石鹸を泡立てていきましょう。

⑤手のひらや手の甲、爪、手首。それぞれを洗うときの触覚に意識を向けます。自分の呼吸を意識するのもいいでしょう。

⑥洗い終わったら、注意深く水を止め、「手はきれいになりました」と自分に言い聞かせたり、心の中でつぶやいてみましょう。

⑦タオルやハンカチなどで丁寧に手をふきます。

ふりかえり：丁寧に手を洗ってみて、どんな気持ちがしましたか？

アドバイス：手を洗うとき、意識を"その瞬間"に向けるだけで「楽しい時間」になることを子どもたちに体験してもらいましょう。それはメディテーション（瞑想）の練習につながるものです。

アクティビティ24

朝の身支度マインドフルネス

このアクティビティは、日常生活の行動を意識的に行うことで、マインドフルネスの練習をするものです。

「朝の身支度マインドフルネス」は、ことさらゆっくりやる必要はなく、いつもの自分の行動に「意識を向ける」というものです。それだけですてきな朝を迎えられるようになるのです。習慣化すると、朝の時間が楽しみになり、気持ちが落ち着いたりスッキリして、新しい一日を迎える準備が自然とできます。

慣れるまでは、保護者の協力を得て、時間を自由に使える週末を選んだほうがいいかもしれません。学校では、水泳の時期など、着替えが増える時期にルーティン化すると、騒がしくなく取り組めるでしょう。静かに丁寧に準備することを、ゲームのように楽しんでもらいましょう。

導入：朝の身支度や授業の準備を面倒に思う人もいるかもしれません。しかし、物や時間に感謝を込めて丁寧に準備すると、その準備の活動も楽しむことができます。朝、忙しく、長い時間がとれないときでも、1つ1つの行動にしっかり意識を向け、楽しむ練習をしましょう。

今日は、歯磨きと着替えについてお話ししますので、週末に家でやってみてください。ここでは、みなさん、イメージしてみてください。

展開：

【歯磨き】

①洗面所の鏡の前に立ち、床に足が着いていることを感じてみましょう。

②歯ブラシを手に取り、その重さとかたさを感じられますか？

③歯ブラシに歯磨き粉を押し出すとき、歯磨き粉の匂いを嗅ぎます。

④さあ、歯磨きをします。歯ブラシの音に注意してください。前後や左右にブラッシングすると、音はどんなふうに変化しますか？

⑤歯磨き粉の味はどんな味でしたか？　香りはどんな感じでしたか？

⑥鏡を見ましょう。口の中に泡はありますか？　口のまわりはどうですか？　笑顔になってみると白い髭があるかも!?

⑦歯磨き粉をすすぐと、口の中はどんな感じがしますか？

【着替え】

①まずは、床に着いた、安定した自分の足をしっかり感じましょう。

②着替えるとき、その服にどんな色が使われているのか気づいていますか？

③服の生地に触れたあなたの肌は、どんな感じがしますか？　いつもより、どれだけ多くの違いに気づけるでしょうか？　「柔らかいな」とか、「チクチクするな」とか、「暖かい」とか、「ふわふわ」だとか……。

ふりかえり：まずは週末に、こんなふうに「朝の身支度マインドフルネス」をやってみてください。急いでやる必要はないですし、ことさらゆっくりやる必要もありません。朝の日常生活の行動に、シンプルに意識を向けるのです。このことが毎朝の習慣になったら、起きるのが楽しみになります。そして、落ち着いて、その日の準備ができるようになったと感じるでしょう。

アクティビティ25

５つのありがとう

　このアクティビティは、子どもたちが一日を通して感謝の気持ちを持つために役立ちます。１分程度で簡単にできます。

　自宅で寝る前に布団の中でやってみたり、学校で週末の帰りの会などで実施するといいでしょう。最後に先生（保護者）が子どもに感謝していることを伝えることをおすすめします。

導入： 感謝の気持ちを持つことは、幸せを感じるための秘密の方法です。終わりに行うすてきな練習です。まずは、この教室でやってみますが、家に帰り、眠る前に、布団の中でもやってみてください。

展開：
①それでは、楽な姿勢になりましょう。
②今日一日の中で感謝したいことを、頭の中で考えるか、声に出して言ってみましょう。美味しいご飯を食べたこと、お日様の下（雨の中、風の中でも！）で遊んだこと、すてきな本を読んだこと、すてきな家族がいること…、思い浮かんだことを指で１つと数えます。
③今日感謝したいことをもう１つ考えてみましょう。そしてもう１つの指を折ります。
④５本の指で数え終わるまで続けましょう。

ふりかえり： 今日一日の中で、自分自身に感謝したいことは何ですか？

マインドフルネスの感想

まず、小学校の先生の感想です。

　自分自身の気持ちや思いが、「言葉にならなくても気づくことができる」ということに気づきました。いい悪いはなく、その気づきがとても大切なものなのだと思います。そして、自分にとって心地よいものが何なのか、感覚に矢印を向けること。

　また、今までに学校の中で当たり前のようにやっていたことの中にもマインドフルネスなものがあるということを知り驚きました。

特別支援学級の先生は、次のような感想を寄せてくれました。

　マインドフルは多くの大人が忘れてしまっている感覚だけど、子どもは大人より、その瞬間に浸ったり楽しんだりするのがきっともっと上手だと感じました。マインドフルネスを経験することで、自分の体や心に興味を持ち、そこから自分自身のことを丸ごと受け入れて好きになってもらえたらうれしいなと思いました。

次に、2歳と5歳の二児の母で、臨床心理士である30代の方の感想をご紹介します。

　子どもも一緒に参加する予定ではなかったのですが、何度か子どもと一緒にちず先生のレッスンにお邪魔するうちに、ある日の食事中、子どもたちが食べ物を噛まないで口に入れてじっとしているということがありました。「早く食べないと」と言おうと思ったら、2歳の子が「噛むのを待ってたらね……唾出てきたよ」と言ってから飲み込んだのです。「心で感じて食べる」のワークを、その場で突然していたことに気づきました。もともと食へのこだわりが強く、2回噛んで飲み込んじゃうくらい早食いな子どもだったので、どのように食事マナーを教えていったらいいかを考えていた矢先の出来事。ご飯をゆっくり食べようと教えるのではなく、「心で感じて食べるマインドフルネス」を

時間をとって練習したら、食事のあり方に影響があったのです。

　別の場面でも、味に対する興味が深まり、その子の兄も「お米は甘いんだ」と言ったり、「オートミールもむっちゃ甘い！　ホットケーキの味がするんだよ」と教えてくれたりするようになりました。噛み続けると、味が変化することが面白いようで、いろいろな食べ物の味覚の変化を試して、やっぱりそうだ、と繰り返していることが多いです。前の感覚を思い出して食べているような雰囲気で、食事途中に思い出して行っているのです。

　それは大人が強要しない場面で、子ども自身が自分で自然に気づいて取り組む姿そのもの。実験みたいに行うことで、実感を深めている様子。それからは、子どもの生きるテンポがこの速さだということが見えたので、がむしゃらに急かさなくなったこと、総じて、子どものペースがあらためてわかったことは、親としての学びとなりました。

　親子でマインドフルネスの練習をすると、子どもの体験のスピードや状況の理解の状態や過程がよりよくわかります。「こんなにゆっくりなんだよな」と再認識することで、子どもの時間を優先することができたり、親自身のスケジュールのペースとの違いを実感しました。結構な頻度で「だっこだっこ」と言って甘えるタイプの子どもとも、安心感が生まれたのか、気持ちが通じ合うような穏やかな関係になりました。

　寝る前は、抱っこされているときのように呼吸を合わせてくるようにも。説明をしっかりしたわけではないのですが、呼吸のリズムを変えると眠れる感覚に気づいているのではないか、と不思議に感じます。また、呼吸が自然に子ども自身のコントロールで深まっているのが興味深いと感じました。

　就学前機関における巡回指導の仕事の中では、「5本指の呼吸法」（24ページ）を園で紹介し、効果を感じています。例えば、知的能力は高いけれど暴力的な子に、二人きりの場所へ移動して、何度か一緒に行いました。やり方を伝え数回繰り返し、「5本指の呼吸法」とは言わないで行ってみると、すぐに落ち着いて次の活動に参加できました。「これは魔法ですね」と園の先生が感動した出来事がありました。そんな彼は半年後、卒園のときに、「僕にはもう魔法はいらない」と言ったのが印象的でした。

　そして、思春期の子どもを持つ保護者が寄せてくれた次の感想は、多くの大人が抱く感想です。

　子ども向けに学んだはずが、自分が整えられる時間でした。

第8章

さあ、マインドフルネスを始めよう！

実践するかどうかの選択は、子どもたちに委ねる

　マインドフルネスは、"今この瞬間"に注意を向けることです。

　私たちの気持ちは、昨日あったイヤな出来事、この後の授業の見通し、明日の会議の資料のことなど、過去と未来を行ったり来たりします。

　子どもたちも、過去にあった出来事をうまく忘れることができず、つらい気持ちになったまま、学校生活になじめないことがあります。また、テストや部活の大会といった近い未来だけでなく、遠い将来のこと、自分がどんな仕事をするのかといったことも「考え」として持っています。相談室で出会う子どもたちは、驚くほどさまざまなことを深く考えていますが、正しさや理想的な自分にとらわれ、自分の在り方や人からどう見られているかを過度に気にしたり、ありのままの自分を知ることを避けたり、自分をないがしろにしてしまいがちです。

　困ったときに相談することの重要さは、折に触れて大人から聞かされるので、知識としては理解しています。しかし、とりわけ思春期の段階は、誰かに自分の気持ちを悟られることはとても怖いことであり、拒否したくなったりするものです。大切な"自分という存在"をいろいろな方法で確かめている時期なのです。だからこそ、子どもたちにマインドフルネスを提案し、方法を示すときは、「実践するかどうかの選択は、子どもたちに委ねる」という姿勢を持ちたいものです。そして、子どもたちがマインドフルネスを選択し

てくれたときは、時間をつくってマインドフルネスを実践し、集中・リラックス・切り替え・エネルギー補充できるように支援していきましょう。

人生という荒波を乗り越えるための力を育てる

　この本では、「マインドフルネスストレス低減法（ＭＢＳＲ）」や「マインドフルネス認知療法（ＭＢＣＴ）」といった心理療法としてのマインドフルネスの方法ではなく、「はじめに」でも述べたとおり Mindful Schools のカリキュラムをもとに、教育現場や家庭で、自然にいつでもどこでもできる方法を取り上げました。そのため、どのアクティビティをどのような順番で行ってもいいように、簡単でシンプルなものにしました。それらのアクティビティは、子どもたち自身も、大人の皆さんも、日常生活の中で行ってきたことの延長線上にあるものです。私たちは、心の内側に〈幸せの種〉を、すでにいくつも持っていて、それに意識を向けるだけでいいのです。

　人生において、多くの方が言葉で表現できないほどつらく、苦しいことに直面した経験をお持ちだと思います。そんなとき、「穏やかな気持ちで自分自身と相談できる力」を育て、「自分のことを自分で慈しんでいく自己肯定感」は、人生という荒波を乗り越えるために重要なことです。その力を育てる１つの方法として、マインドフルネスを教育機関や子育ての現場に届けられたらと願っています。今や、教育機関や子育てにマインドフルネスを取り入れることは珍しいことではありません。また、この本で示したとおり、短い時間があればできます。

先生たちこそマインドフルネスを

　マインドフルネスの効果として、教師のバーンアウトやうつ病の予防が知られています。私は、何より「自分らしく生きるヒント」が隠れていると考えています。

　日々、子どもたちの指導や保護者とのかかわりに追われている先生方は、多忙感の中で自分を見失いがちです。「先生とはこういう職業だから、〜であらねばならない」と完璧主義になっていたり、「誰もしてくれないから頑張らなきゃ」と長時間労働でどうにかやりくりして生きていらっしゃるのではないでしょうか。

　私たちは命を与えられた瞬間から、体に触れ、心に触れ、人生を歩んでいます。マインドフルネスは心と体を強くするプログラムではなく、私たちの奥底にある「存在自体」に優しさを吹き込むものです。「存在することの価値

が変わる」とも言えます。心や体の変化をもたらすのは"副次的"なものです。

先生たちにこそ、マインドフルネスはお役に立てるのではと考えています。

自分なりにマインドフルネスの活用方法を見つける子どもたち

学校現場では、病気や障害のある子どもたちや、家庭環境が複雑で虐待を受けて育った子どもたちに出会います。私はそのような子どもたちに、自分という存在を否定せず認めながら大切にする面白さを知るきっかけとして、マインドフルネスを活用してほしいと取り組みを続けています。マインドフルネスのアクティビティに一緒に取り組んでいくと、子どもたちは自分なりにマインドフルネスの活用方法を見つけます。眠れない夜、家族と喧嘩したとき、新しいクラスの教室に入るとき、受験勉強に行き詰まったとき、サッカーでシュートを決めたいとき、失恋した帰り道……。身につけた呼吸法をベッドで行ってみたり、ぼんやり窓から空を眺めてみたり……。

私たちにできることは、子どもたちが安心してマインドフルネスに触れられる穏やかな環境をつくることです。一人で楽しんでいるようなら見守り、あまりにもやり方に固執しすぎるようであれば、「他にも面白いものがあるのでやってみない？」と柔らかく提案してみましょう。

先の見えない世界を生きる子どもたちの必須のスキル

私は、自分で自分の命を絶つ選択をした命のことがずっと忘れられずにいます。とっても寂しい気持ちややるせない気持ち、あのときこうすればよかったという後悔の気持ちが、常にそばにあります。そのような気持ちと、亡くなってしまった命との楽しい思い出は、丸ごと共に人生としてあります。

私は、マインドフルネスに出会って、「生きる」ということをまったく違う世界から味わうことができました。目に見えるもの、聞こえてくるものすべてが、実際に見えていなくても聞こえていなくても、尊いものに感じ、十分に満たされたような気持ちになるのです。これは、先の見えない世界を生きる、未来ある子どもたちにとっても、必須のスキルではないでしょうか。

マインドフルネスにかかわる研究では、学校生活への適応、学習成績の向上、ストレス低減、自己肯定感の向上、ＡＤＨＤのある子の怒りのコントロール力向上などの効果が、少しずつ明らかになっています。ただ、研究結果

よりも、目の前の子どもが心からの笑顔を見せてくれること、自分なりの一歩を踏み出し始めることのほうが、マインドフルネスの壮大な効果だと感じています。私たちすべての人間が、すでに持っている心の中の〈幸せの種〉を、自分で花開かせていくことを待ちたいと思います。

学校でマインドフルネスを実施する意義

　マインドフルネスの指導者に持っていてほしいスタンスは、「明確な意図を持った上で、強制的ではなく導入する」です。子どもたちは、指導者の好奇心や、共に練習する態度に引き寄せられて、参加意欲が増すことがしばしばあります。指導者が明確な意図を持っていることは重要です。そして、マインドフルネスを強制することは、それはすでにマインドフルネスではないということを知っておくことが必要です。

　また、毎朝の短学活やショート・ホームルームで３分間行うなど、一貫した定期的な実施は、安定した練習環境をつくることに一役買います。習慣化を目指すというよりも、「毎日、同じ時間、同じ場所に対する敬意を払う心を育てる」というスタンスが重要です。マインドフルネスを使ってストレスを減らしたいとか、悩みを解消したいと考えるのであれば、安定した安全な環境づくりが基盤となります。

　クラスという集団を率いる中で、一人一人の悩みごとの相談に時間を割くことができないという先生も多いでしょう。実際、悩みごとを打ち明けるには、時間と勇気と相手が必要です。多くの子どもたちは、悩んでいることがあったことを、数か月後、数年後に語ったりするのです。また、大人でもそうですが、つらさやしんどさの渦中にいる間は、自分の悩みの中身を見ることや触れることも難しく、誰かにＳＯＳを出したり、語ろうとはなかなかできないものです。

　そのようなときは、安心感のある環境で過ごすことがとても重要です。安定した環境で実施されるマインドフルネスを体験し続けることから生まれる安心感は、学校生活での糧となるでしょう。悩みごとを言葉で表現せずとも、マインドフルネスのアクティビティに取り組む中で、子どもたちは自分の心を客観視し、周囲の人や環境を大切にする心を育んでいきます。それは、きっと前向きな姿勢につながるはずです。

「自分を味わう時間」への態度を認めていく

　私たちの体をマインドフルに感じるとても簡単な方法は、「アクティビティ

8　マインドフルネスウォーク」（36ページ）を、ほんのわずかな時間でも、「あっ、今できるな」と気づいたときにやってみることです。例えば、荷物を持つとき、ゴミを出すとき、本棚から本を取るときなど、日常の多くの行動そのものがマインドフルネスの練習であると気づくときがやってきます。

　「忙しくて練習をする機会がない」というのは、「自動操縦モードで24時間いる」というのと同じです。マインドフルネスを練習する場面は、尽きることがないのです。たったの数秒であっても、自分が、そして子どもがマインドフルネスに取り組もうとしたら、その姿を信じましょう。練習しようとする気持ちを素直に受け止めて、あきらめず練習していくことが大事です。そのような態度を認めることは、どのような練習でも同じでしょう。一生懸命に漢字を覚えることや、サッカーでシュートが入るよう真剣に練習する態度と同様に、「自分を味わう時間」への態度を認めていくのです。

練習の日々の果てに　●●●

　マインドフルネスを練習すればするほど、自分の内側から生まれる「身体意識・感覚・思考・感情」が大きく変化していくことを感じます。そして、それはどこかから来たものではなく、誰かに教わったことでもなく、「自分の中にすでにあったもの」であることに衝撃を受けます。

　ある日、自然と自分の感情の揺らぎの頻度が少なくなったり、ほんのわずかなことに幸せを感じられるようになるのです。「なぜ月は丸いのか？」「どうして朝顔は夜には萎んでしまうのか？」、そんな疑問を持って何日も過ごした幼き日々をふと思い返したり、過去・現在・未来のどこにもいない感覚になることも。

　そして、さらに練習を重ねると、人種・性別・置かれた環境・成績の差などは1つのラベルだと感じられ、それらを取り払い、すべての存在（人も動物も植物も家も教室も机も椅子もスマホも）に価値があることを内側から感じ取ることが日常になっていきます。そうなるには数年の練習が必要になりますが、他者からの評価ではなく、自分で自分を大切にする瞬間を味わえる日常が来るのです。それは自分のことを卑下しない態度が備わった日。自分にも他人にも傲慢にならない態度が備わった日。

　そして、練習の日々は続きます。孤独を感じたり、もう前を向けないと思ったときこそ、マインドフルネスが助けになるでしょう。すてきな出会いに囲まれた人生の豊かな旅路を、マインドフルネスがさらに豊かにすることでしょう。

　さあ、マインドフルネスを始めましょう！

〈参考文献〉

Afzal, Uz（2018）*Mindfulness for Children: Help Your Child to be Calm and Content, from Breakfast till Bedtime*, Kyle Books

Bryant, Fred B., Joseph Veroff（2006）*Savoring: A New Model of Positive Experience*, Psychology Press

Hocheiser, Lara and Nafeeza Hassan（2019）*how to integrate mindfulness: INTO THE K-5 CLASSROOM*, Flow and Grow Kids Yoga

Hocheiser, Lara and Nafeeza Hassan（2019）*My Yoga Workbook: Mindful Bedtime Habits*, Flow and Grow kids yoga

Hoglund, Wendy L G, Kirsten E Klingle, Naheed E Hosan（2015）Classroom risks and resources: Teacher burnout, classroom quality and children's adjustment in high needs elementary schools, *Journal of School Psychology*

Ingersoll, Richard, Lisa Merrill, and Daniel Stuckey（2014）*Seven Trends: The Transformationof the Teaching Force*, Consortium for Policy Research in Education

Napoli, Maria, Paul Rock Krech,and Lynn C. Holley（2005）Mindfulness Training for Elementary School Students: The Attention Academy, *Journal of Applied School Psychology*

Roeser, R. W., Schonert-Reichl, K. A., Jha, A., Cullen, M., Wallace, L., Wilensky, R., Oberle, E., Thomson, K., Taylor, C., & Harrison, J.（2013）. Mindfulness Training and Reductions in Teacher Stress and Burnout: Results From Two Randomized, Waitlist-Control Field Trials. *Journal of Educational Psychology*

Snel, Elaine（2019）*Sitting Still Like a Frog Activity Book: 75 Mindfulness Games for Kids*, Bala Kids

Weare, Katherine（2012）*Evidence for the Impact of Mindfulness on Children and Young People*, The Mindfulness In Schools Project

マインドフルネス練習記録

月曜日

☐　☐

アクティビティの種類

実施時間や実施した際の感想

メモ：

火曜日

☐　☐

アクティビティの種類

実施時間や実施した際の感想

メモ：

水曜日

☐　☐

アクティビティの種類

実施時間や実施した際の感想

メモ：

木曜日

☐　☐

アクティビティの種類

実施時間や実施した際の感想

メモ：

金曜日

☐　☐

アクティビティの種類

実施時間や実施した際の感想

メモ：

土曜日

☐　☐

アクティビティの種類

実施時間や実施した際の感想

メモ：

ほんの森出版HPから
PDFファイル配布

マインドフルネス指導記録

あなたのクラスをふりかえり、1から5まで評価してください。
（各カテゴリーがどの程度成功したか、効果を感じたか）

マインドフルネスの有効性を感じた	1	2	3	4	5
教室の規律が保たれた	1	2	3	4	5
子どもたちが意欲的な態度を示した	1	2	3	4	5
セルフケアとして活用できた	1	2	3	4	5
教師としてのスキルアップができた	1	2	3	4	5
教室の雰囲気がよくなった	1	2	3	4	5

今学期の目標

次の学期に向けての目標

今学期のハイライト

効果的だった工夫や配慮事項

工夫が必要な点

自分のためにどのようなセルフケアを行ったか

ほんの森出版HPから
PDFファイル配布

おわりに

　この本の着想は、友人の工藤優子さんからプレゼントされた*Mindfulness for Children : Help Your Child to be Calm and Content, from Breakfast till Bedtime* (Uz Afzal, Kyle Books, 2018) という1冊の本からでした。

　スクールカウンセラーとして働くかたわら、教育現場に必要なヨガやマインドフルネスのあり方を深めていた私にとって、子ども向けのマインドフルネスは、とてもかわいらしくよりシンプルで親しみを覚えました。しかし、ざっと読み切ってからは、子どもたちとゆっくり取り組んだりはしていませんでした。すでに学んで知っていることであり、体験していることであり、改めて練習するまでもない、そんなふうに思っていました。

　その本を手にした後、私は悪性リンパ腫のため、入院生活をすることになりました。世の中が未知のウイルス、新型コロナで怯え、全国の学校が一斉休校になったあの頃です。大好きな仕事をたった2週間の間に辞める決意をして、6クールの抗がん剤治療をしました。入院を待つことはできないと主治医には言われ、病理検査の後、すぐに入院。

　とはいえ、どんな体調であっても、ヨガやマインドフルネスの練習はできるものです。入院中、一度も欠かさなかったのは、「一日過ごす中で、3つのマインドフルなことを見つける」ことでした。水が飲める・シャワーを浴びれる・起き上がれる……。ノートに書き出すことが難しい日は、横になったまま、スマホにメモを残しました。入院生活を経て、これまで当たり前にできていたことにこそ価値があり、特に「呼吸ができること」と「仰向けになって寝ること」がどれほど豊かな体験であるかを学ぶことができました。もちろんたくさんの方に心配をおかけし、支えていただきながらではありましたが、実はとっても充実していました。

　同時に、私は〈今、感じているこの感覚〉を、必ずや子どもたちに届けなければならない、そう直感しました。入院生活の毎日を貴重な学びの時間とし、他領域のジャンルの書籍を読み、自分が構想する本の企画書の作成、翻訳、マインドフルネスの研修にオンラインで病室から参加する、などという挑戦をしました。その間、身体意識と感覚、感情の揺れ動きを事細かくノートに記録。つまり、自分を使っての"研究"に明け暮れました。

　私の"からだ"は、学びの教科書となり、変化していきました。これまでもヨガやマインドフルネスの練習を積み重ねてきたつもりでしたが、それは

まったくの思い違いであったことを知るのです。

　退院するちょうどひと月前のこと。生まれて初めての感覚に出会うことになります。まったく動けないけれど、心のすべてが満ち足りたような、まさに"今"を味わった瞬間でした。私の能力では言葉にし難いものです。ただ１つ記憶にあるのは、朝日の光に照らされた「Just Be here」のページ。冒頭の友人が私にと選んでくれた１冊の本の最後のアクティビティでした。オレンジと赤の間のような色の光の輝きが、自分の体の中にも在るような、なんとも言えない感覚でした。あの瞬間、まさに「ああ、生きてるんだな」と感じたのです。

　「先生、死にたい」「先生、私を殺して」と相談室で涙する子どもに出会ってきた私は、なんとかして命をつなぎたい、そのためにできることはなんでもしたいと思うようになりました。そして、自分自身の内側に太陽よりも光り輝くものがあることを子ども自身が気づいてくれたら、人生という長い道のりを踏ん張れるのではないか、そう確信しました。

　また、苦しい状況の子どもたちを守り、子どもたちを守っているからこそ葛藤される大人たちのためにも、この本の言葉を紡ぎました。

　時代が変化しても決して変わらないのは、あなた自身があなたであること。あなただけがあなたを支える存在だということ。自分自身を信じ、手を取り合って歩む世界が、学校にも家庭にも広がりますように。

無菌病棟の開かない窓から見た大きく広がる朝日、
在るはずのない
風が頬を撫で、花の香りがし、波打ち際の音が聞こえ、
大きな光に包まれる。
Just Be here
自分の内側に湧き起こってくる幸福感を
分かち合っていると信じて。

　最後になりましたが、参考にした英文の教材の翻訳では、ニューヨーク在住でアーティスト・社会起業家である工藤優子さんと、グローバル教育を推進する中村恵さんのお力添えをいただきました。ありがとうございます。

　そして、この本ができあがったのは、私がこれまでかかわってきたすべての皆さんのお力添えがあったからです。最後までお読みくださった読者の皆さんを含め、深く感謝申し上げます。

2022年12月　　　　　　　　　　　　　　　　　　太田　千瑞

【著者紹介】

太田 千瑞（おおた ちず）

スクールカウンセラー　東京成徳大学非常勤講師

（臨床心理士　公認心理師）

東京都内教育委員会における就学相談や小中高のスクールカウンセラーとして経験を積みながら、ヨガやマインドフルネスによる予防的アプローチを提唱し、不登校や愛着障害、神経発達症の子どもたちへの支援、学校での授業、教員研修、保護者向け講演などを行っています。また、筑波大学心理・発達教育相談室にて、神経発達症のある小中学生へのソーシャルスキルトレーニングとヨガやマインドフルネスを組み合わせたプログラムの効果を研究中。児童生徒向けのヨガ・マインドフルネスの授業や教員向けの研修などを実施する、一般社団法人がっこうヨガ推進委員会の代表理事を務めています。

Webサイト　https://www.gakkou-yoga.com/

〈主な著書〉

『イラスト版 子どもの発達サポートヨガ　気持ちを整え集中力を高める呼吸とポーズ』（著）
　　合同出版、2019年

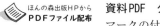

ほんの森出版HPから
PDFファイル配布

資料PDF　ダウンロード用パスワード　mh7piy
マークの付いた資料のPDFファイルが、ほんの森出版ホームページの本書の紹介ページからダウンロードできます。カラフルなシートをぜひご活用ください。また、パソコン等で動画を見るためのリンク一覧もダウンロードできます。

＊ワークシートやテキストのPDFファイルは、本書の購入者の実践をアシストするために配布するものです。他の目的での使用や再配布はお避けください。

ほんの森出版　検索

ちず先生と 動画で一緒にマインドフルネス！
子どもたちの心が穏やかになり、自己肯定感が高まる

2023年3月10日　第1版　発行

　　　　　　　　著　者　太田千瑞
　　　　　　　　発行者　小林敏史
　　　　　　　　発行所　ほんの森出版株式会社
　　　　　　　　〒145-0062　東京都大田区北千束 3-16-11
　　　　　　　　Tel 03-5754-3346　Fax 03-5918-8146
　　　　　　　　https://www.honnomori.co.jp

　　　　　　　　印刷・製本所　研友社印刷株式会社

OTA Chizu　2023　Printed in Japan　ISBN978-4-86614-131-2　C3011